監察医の涙

法医的眼泪

監察医の涙

[日] 上野正彦 著
王 丹 译

法律出版社

著作权合同登记号：
图字：01–2016–1135

前　言

有位记者就法医制度来采访我，他问道："上野医生，您进行过那么多次的验尸和解剖。对您来说，死到底是什么呢？"

我回答说："虽然说不太好，不过，我觉得死就是虚无吧。"死就是与自己出生之前的状态一样，人世间其他的人和物都还好好地在那儿，只有自己不在了。这种状态就是死，就是虚无。

记者点头称是："我想，一定会有很多故去的人对您心怀感激。如果有一天，您也去了那个世界，大概有不少此前受您关照的人会拿着花束列队迎接您吧。"

我从未考虑过死后的事情，一时不知该如何回答。但也许真的会这样？这位记者说的话触动了我。

从那之后，死，对我而言既不寂寞也不悲伤了。我甚至开始期待着去那个世界与那些人们再次见面。

还有一次，我养了整整十五年的马耳他犬死了。在我的心目中，它就像我的孩子一样。虽然从来没有语言的交流，但是一直感到心灵相通，像亲人一样一起生活了多年。它的死让我感到永久的别离，死还是寂寞悲伤的。

死去了，就与活着的人再也无法联系了，变成了孤单一个人。我看着它那孤独的小小的身体，不由地对它说："我的父母都在那个世界，他们很善良慈祥，你过去以后，去陪陪他们吧。"一直以来，我都认为死是虚无的，但是却又想要承认那个世界的存在。

想要毫不矛盾地解释死，真的很难。

我一边回忆着这些事情，一边将那些深藏在心底的、印象深刻的故事汇总起来，集结成了本书。

目录

活着的人会说谎。

沉默的尸体却绝对不会说谎。

与死者的对话

妻子早上起床后，发现丈夫死了。旁边放着安眠药的空瓶子。妻子坚持称，丈夫一定是因为负债的压力太大自杀了。

法医赶到案发现场进行验尸。如果验尸也无法知道死因的话，就必须通过解剖来调查死因。

解剖的时候，这位丈夫开口说道："我不是自杀，是被人杀死的。我是被人下毒（氰化钾）杀死的。"

还有一次，在一个公寓的施工工地，一个工作人员从高高的脚手架上滑下来摔死了。妻子和孩子伤心欲绝。大家都认为这是一起事故死亡。可是，经过仔细验尸、解剖后，发现死者身上有被人推过的痕迹。原来，这不是事故死亡而是他杀。

有的死者会突然说出让人大吃一惊的真相，如是被肇事者轧死的，或者是被人勒死的。

通过细致入微地验尸、解剖，死者就会开口说话，告诉人们他为什么会死去。然后，与他死亡有关的一系列事情都会变得清晰。

经常有人问我："为什么会成为法医?"为什么呢? 其实，我并不是一开始就抱着要成为法医的目的开始学医的。成为医生，是受到了父亲很大的影响。

从医学部毕业，通过国家考试之后，我必须要选择将来从事哪个学科。我非常迷茫。

我上学的那个时代，同班同学很多都是因为父母是医生，医生世家，所以要继承衣钵。同学们一般都选择与父母相同的内科或是皮肤科。我的父亲也是医生，不过，父亲是偏远地区的全能医生，没有固定的科类。我受父亲的影响长大，也从来没有想过，自己将来要选择专门从事某一学科。

因此我十分烦恼。越是烦恼，脑子里就越混乱。于是，我决定首先将自己所学的医学学科一项项地重新审视，找到自己适合的学科。

首先是内科。从身体外侧触摸检查患者的身体,判断病因并进行治疗。这非常难,并不适合我。

那外科又如何呢?外科更大刀阔斧一些,用手术刀切开患者身体,将病死的部位切除并丢掉。这么看来就多少有些不像医生了。

就这么思考着,烦恼着,半年过去了。

我一直在自问自答。

这时,我开始思考,对于人类而言,死到底是什么。如果可以对死进行彻底研究,那么也会明白对于人类而言,活着的意义到底是什么,也就能明白生命的珍贵了吧。如果能将“生与死”这一困扰了很多人的哲学问题搞明白,日后在接触患者时,这份感悟与收获也会对自己有所帮助,自己也能离名医之路稍微靠近一些吧。我决定,去学习两三年关于死的学问——法医学,然后再去做一名临床医生。

父亲经常对我说“当医生并不是为了赚钱”,所以当我将自己的决定告诉父亲后,他也十分赞成我的这一选择。

我就这么走进了法医学的教室。在大学期间我一直在做动物实验,感觉不太适合自己。这时,我决定去监察医务院工作,成为一名法医,在案件现场进行验尸和解剖。

法医的工作是从死者那里倾听真实的声音，不知从什么时候开始，我可以与死者进行对话了。

人并不是只用语言来对话的。站在对方的角度上，绷紧神经仔细倾听，就可以理解对方想要说什么，能够领会对方的本意。大概在我成为法医三年左右的时候，我能与死者对话了。

"现在我正在与死者对话。"——最初的那种感觉，至今还令我记忆犹新。在能够与死者对话后，我越来越爱上了这份工作。

起初是想只做两三年，却一干就是三十年。

慢慢地，我都忘记了自己是一名医生。有一次，孩子感冒了，我对妻子说，"快带他去看医生吧"，妻子说，"说什么呢，你自己不就是医生吗"，我才想起来，"哦，是啊"。

经常有人问我："每天诊察尸体很辛苦吧，心情不会变得很糟糕吗？"

可是，我从来没有过这样的想法。首先，我一点儿都没有在与死去的人打交道的感觉，而是一种一般医生诊断患者的感觉。面对尸体，仔细地检查，他就会开口说话："我是在这样的状况下死去的。"

与我打交道的尸体，是活着的。

它与活着的人唯一的不同，就是它是沉默的。

但是，活着的人会说谎。

沉默的尸体却绝对不会说谎。

从沉默的尸体那里，探索出死亡的原因，充分维护死者生前的权利。到底是事故死亡还是自杀？抑或是他杀？探究案件的背景和死因。“为何会死去躺在这里？”“死去的时候到底发生了什么事情？”

通过解剖，可以明白很多事情。例如，可以知道有这样特征的人，是因心肌梗塞死亡。而那样的人，是因脑出血死亡。

这些数据可以用在活着的人身上，为预防医学做出贡献。所以，我们虽然不是临床医生，但是从更大的视野来看的话，作为法医也在为医学做着贡献。我为法医的工作感到自豪，充满着工作的热情。我认为这就是我的天职。

确实，每天与尸体相对，有的时候看到死状凄惨的尸体，或是孩子死去悲痛欲绝的母亲，精神上确实很痛苦。有时，怎么也搞不明白死因，也会烦恼和焦虑。但是，我从来没有想过辞去这份工作。因为我坚信这份工作可以对社会做出贡献,从这份工作中我可以找到工作的真正意义和价值。

经常听到现在的年轻人刚刚参加工作就马上因为“没意思”“无聊”而辞去工作。但是,任何工作在刚开始的一两年都不会很有趣。如果一边觉得无聊,一边工作,一味考虑负面的事情,就会对那之后的快乐也视而不见了。

无论什么样的工作,都有快乐的一面和痛苦的一面。既有充实满足的时候,也有努力迟迟得不到回报的时候。

不要轻易放弃,再努一把力,就一定会遇到之后的快乐,在工作中找到自己的生存意义和人生的价值。

警察的眼泪

有一个令我至今难以忘怀的事例。

案件现场是木造简易公寓的一室户，小学六年级左右的男孩子和小学二年级左右的女孩子兄妹二人呆呆地站在母亲的尸体面前。女孩子的头发虽然剪得很整齐，但是在这样寒冷的冬天，只穿着一件薄薄的 T 恤。男孩子则穿着一件皱巴巴的衬衫，裤子上打着补丁。

几年前，他们的父亲死于事故，之后母亲一个人独立抚养两个年幼的孩子。现在，这位母亲突然死在了孩子们面前。

死去的母亲，身上的针织衫上有很多毛球，应该穿了很多年了吧，到处有虫蛀的痕迹。下面穿着长裙，不用验尸，也能看出她身体的消瘦。

房间里面几乎没有什么像样的东西，整个房间很昏暗，可以看得出生活的困苦。房间里只有正好能坐三个人的饭桌和叠得整整齐齐的一套被褥。到了晚上，母子三人就是睡在这个被褥里吧。

厨房的水槽里有三个还没来得及洗的碗，仔细看一下，每个碗上面都有些豁口。

在这样暗色调房间的角落里，放着两个红黑相间的儿童书包。是母亲用辛苦工作赚来的钱给孩子们买的吧。在这么贫苦的生活下，自己消瘦成这副样子，还是努力给孩子们买新的书包，这是怎样的一种母爱啊。

在空荡荡的房间里，这两个红黑相间的儿童书包显得格外醒目。

兄妹二人，站在母亲的尸体面前。哥哥紧紧地拉着妹妹的手。

妹妹还搞不清现在是怎样一种状况，快要哭出来似的，担心地问哥哥："妈妈怎么了？是生病了吗？为什么睡着了？"哥哥反复安慰妹妹："没事的，没事的，别担心。"

这次是哥哥跑去告诉邻居说"妈妈样子很奇怪"，邻居赶紧通知了警察。

男孩子没有掉眼泪,平静地向警察讲述母亲去世时的情况。女孩子不说话,紧紧地靠在哥哥身边,不安地看着我们。

他们好像也没有什么亲戚,这两个孩子没有其他的依靠。妈妈去世后,就只剩下这兄妹二人相依为命了。

男孩子虽然没有哭,但是一脸无助。母亲走后,今后该怎样生活下去呢。哥哥应该十分不安吧,但是为了照顾妹妹的心情,一直表现得很坚强。这样的哥哥让人很心疼。

警察正在向男孩子问话,突然说"稍等一下",离开了那里。

警察在流泪。

"太可怜了。我们家也有像这么大岁数的孩子。"警察的眼睛红了。做警察这份工作,平时很少会表露感情,但是看着这兄妹二人,想到自己的孩子,还是忍不住了。

这是我第一次也是最后一次看到警察的眼泪。

验尸的结果出来了,母亲是病死。因为拼命工作,劳累过度死亡。听男孩子说,妈妈做了几份兼职,从早上开始工作，一直到深夜，基本上没有休息的时间。有时甚至天亮了才回到家中。很长一段时间都是这样。

男孩子会一直竖起耳朵听着妈妈回来的声音。只有听到妈妈回来开门的声音，才能放心地睡着。

我对男孩子说："有警察在，还有区政府在，不要紧，别担心。"

兄妹二人，站在母亲的尸体面前，哥哥紧紧地拉着妹妹的手。

一般情况下，我会对家属说："验尸结束了。这个是诊断书。"然后将诊断书递给家属，就会离开了。可是看着这个年幼的孩子手足无措，呆呆地站在那儿，我没办法说出口。

我找到了区里的民生委员，拜托他好好照顾这两个孩子，让他们今后可以放心地生活下去。然后动身前往下一个现场。

距这个事件发生已经过去四十多年了。

直到现在，我也会偶然想起，不知道那对兄妹现在在做什么呢。那对兄妹的身影已经有点儿模糊了，但是那两个红黑相间的儿童书包，还会清晰地浮现在我的脑海中。

我忘不了那对兄妹跟在民生委员和警察后面，在黄昏中手牵着手蹒跚离开的身影。希望这两个命运多舛的孩子可以平安地成长，幸福地生活。

国家应该做些什么，才能更好地消除人民的不安，保障人民的基本生活呢？

丈夫的献身之爱

这对夫妇感情很好,远近闻名。

每天,可以看到两个人一起照料庭园的花草,天气好时两个人会一起去散步。在附近的超市也经常可以看到两个人开心地选购商品。

但是,五年前,妻子因为脑梗塞倒下了,之后留下了半身不遂的后遗症。已经退休在家的丈夫,一个人承担起了照顾妻子的责任。

早晨起床后,先做饭。给妻子喂饭。然后给妻子换尿布。每天换床单。如果衣服脏了,给妻子换衣服。丈夫每天一边温柔地对着妻子说话,一边给妻子梳理头发。隔一天给妻子洗一次澡。虽说妻子是女性,不太重,但是扶着她,将她抱进浴缸洗澡也是很辛苦的。

在妻子得病之前,夫妇二人与邻居也有礼尚往来,可是在妻子倒下之后,夫妇二人就几乎不出家门了。邻居很担心他们的情况,可是,敲门也没有应答,窗户也紧紧关着,看不到里面的情况。

夫妇二人没有孩子,所以没有其他可以依靠的人。丈夫是个很认真的人。他自己一个人承担起对妻子的照料,也没有向行政部门求助过。

这五年来的看护,将本来就不多的存款差不多花光了,丈夫的疲劳也达到了极限。验尸现场的家中凌乱不堪,几乎没有可以落脚的地方。丈夫每天拼命地照顾妻子,根本没有多余的气力去打扫家中的卫生。这五年来,丈夫的脸色变差了,身体也消瘦不堪。丈夫的心中不断产生矛盾的声音:“自己已经无法再照料妻子,已经到极限了。可是,如果我倒下了,谁来照顾妻子呢?我不能丢下妻子自己先死。”“如果妻子先死,我说不定能轻松点。干脆把妻子杀死吧。”“但是,我做不到。”丈夫每天晚上都痛苦不堪。丈夫每天都会做噩梦,从梦魇中惊醒。慢慢地,丈夫开始失眠。在极度痛苦之后,丈夫决定杀死妻子,然后自己自杀,与妻子一同解脱。

我们发现的时候，妻子已经在浴池中溺亡了。丈夫也服用了安眠药，打算自杀，但是被偶然来家中探望的邻居发现后保住了一命。恢复意识的丈夫，面对警察的询问，躺在病床上隔着窗户看着远方，平静而清楚地说："是我杀死了妻子。"

可是，在对妻子验尸的时候，我却发现妻子消瘦的手腕上，清楚地留下了丈夫的手的痕迹。那并不是为了杀死妻子，把妻子摁进水里的痕迹，而是努力想要把妻子拉出来的痕迹。

于是我向丈夫追问真相。丈夫大哭起来。"每天照料妻子，生活疲劳不堪，甚至希望妻子可以快点死去。""那天，我一眼没看到，妻子就沉到了浴缸里。我着急地想要赶紧把妻子拉出来。可是，妻子用她唯一能活动的右手，扳开了我拉她的双手。妻子说："亲爱的，已经可以了。"丈夫双手捂住脸，呜咽着。

因为眼泪无法驾驶

三十年来，经我检验的尸体有两万多具。在验尸的时候，会有许多难过的经历，但是，最让人难过的，是验小孩子的尸体。父母在旁边悲痛欲绝，我的心情也很难平静下来。

这是一个交通事故的现场。

汽车翻倒在路边，窗户的玻璃碎了一地，母亲蹲坐在地上，怀抱着孩子。孩子的脸压坏了，脑浆溅出。

母亲就这么抱着孩子，孩子的脸上不断地流出血来。

“宝宝，叫妈妈，求你了，快点醒过来，醒过来！”母亲哭喊着。

现场聚集着围观人群，可是，只能听到这个悲痛的哭喊声在回荡。

听到母亲的哭喊声，让人感觉肝胆欲裂。

我从事过无数次的验尸，可以说已经习惯了，基本上可以保持冷静，但是，给孩子验尸却是例外。失去了孩子的母亲的那种悲伤，让人感受到异常强烈的母爱，让人看不下去。我也难过得说不出话来。

这位母亲，一直抱着孩子不肯离开。我们实在是无法拉开她去给孩子验尸，于是决定放弃验尸撤离现场。

在孩子去世的情况下，无法验尸，撤离现场是很经常的事。

回去的汽车里，也与平常不同，气氛很沉重。法医一般与助理、司机三人一组奔赴现场。

突然，司机将车靠路边停了下来。我们一天要奔赴四五处案件或者事故的现场进行验尸，经常是从这个现场赶到那个现场，分秒必争，因此很少有这种情况。

我想是不是汽车出什么故障了，就问了一声："怎么了？"

"对不起，因为眼泪，看不清前面的路了。"司机摘下眼镜，极力控制要流出的眼泪。"一想到刚才的那位母亲，就……"司机一边叹气，一边用手擦着眼泪。

看来不只是我，看到失去孩子的母亲，谁都会禁不住流泪的。

特别是家里有差不多岁数孩子的人，一想到自己的孩子，就更受不了了。

汽车里只听到司机的抽泣声。

过了一会儿，引擎响了。

还要继续赶往下一个验尸现场。

房子燃烧着熊熊烈火。

在火焰中

母亲会本能地守护孩子。我遇到过很多次这样的事件，对此非常确信，在我的著作中也多次叙述过。

特别是在火灾现场看到的，母亲对孩子的爱，感人至深。房子燃烧着熊熊烈火，母亲要冲进房子里面救孩子。消防员拼命阻止她，说去了你也会死。母亲还是甩开了消防员的手，呼喊着孩子的名字跳入火海中。

我遭遇过几次这样的验尸。母亲去了以后没能回来，以俯身护着孩子的状态两人一起被烧死了，变成了叠在一起的烧死体。

所谓的烧死体，是看不出那个人的本来样貌的。表面会被烧焦。有的时候被大火烧过后，会炭化成漆黑的一块。这种情况，连性别都无从判断，只能通过残留的牙齿稍微进行辨别，但还是十分困难。而且，因为烧死体被烧过，因此比一般的尸体要小。比实物小，而且烧得焦黑，所以很难辨别身份。

我看到过在验尸的火灾现场，倒在玄关的母子二人的烧死体。就在离外面还有几厘米的地方，两个人重叠着死去了。母亲跳入火海，抱着睡着的孩子拼命向外冲，却在还差最后一步的地方断了气，被烧死了。看到这样的情景，心里真的很悲痛。

二〇〇一年，发生过这样一起事故。在JR新大久保站，一名韩国留学生和一名日本摄影记者为了抢救从站台掉落下轨道的男性，三人全部都被进入轨道的电车碾压死亡的事故。救助的二人，被夹在电车和站台之间死去。

被夹在电车和站台之间的两人，内脏被挤压得不成样子了。身体的外观上没有很大的异样，被挤压的地方有擦伤，呈带状。这种情况会因为内脏破裂或者脊髓损伤当场死亡。

这个事件在当时被大幅报道，大家都深切哀悼这两条年轻的生命，并因为他们救助陌生人的勇气而感动。

据说那位韩国留学生，是来日本求学的，一直为了考取研究生而努力。一般来说，在异国他乡生活的时候，会因为文化的差异和语言不通而感到孤独，往往会变得紧锁心门。可是，他在异国之地，面对陌生人掉下轨道的情况，却毫不犹豫地与摄影记者一起跳了下去。

如果自己面对同样的情况，也能毫不犹豫地跳下去救人吗？考虑到说不定自己会因此丧命，也许就会驻足不前了吧。

在无数的悲惨事件中，新大久保事故的两位男性，是知道生命珍贵的人。在他们身上，与明知道自己也有死的危险，却还是为了救助孩子奋不顾身冲向火海的母亲有相通的地方。

虽然说没有必要牺牲自己的生命去救助别人的生命，但是这个事例教会了我们很多，让很多已经忘记了生命珍贵的现代日本人感触深重，记忆犹新。

虚假的发表

经常会有家人不愿意对周围公开死者的详细死因。

如果我作为法医将“自杀”的诊断书改写成“病死”是违反法律的。但是，家人将“自杀”对外宣称是“病死”是没有问题的。

在我任职的时候，碰到好几次名人的家人来拜托我：“想要隐瞒自杀的事实，能否请您改写成病死呢？”每次我都坚定地拒绝：“不好意思，我做不到。”

但是，家人对外做出虚假的发表，是没有任何妨碍的。

有一位著名歌手，年纪轻轻，突然死了。是全国有名的一位女明星。

在一个隆冬的夜晚，酩酊大醉的她与经纪人一起返回了自己的家。经纪人在让她睡下之后，觉得冷，就打开暖气回去了。

第二天，到了工作的时间，也没有看到她的身影。经纪人觉得不对劲，赶到了她的家中。按了门铃对讲机也没人回应。用备用钥匙打开门进到里面以后，发现房间里热得要命。

暖气发生了故障，室内热得像夏天一样。她在这个房间里死去了。

虽然是寒冷的冬天，尸体却腐烂很严重。还有很浓烈的酒精气味。验尸解剖后，发现死因是因为酩酊大醉后，呕吐物堵住了呼吸引起的窒息死亡。

因为是名人，所以媒体纷纷赶来，打听死因。

我将死因毫无隐瞒地告知了她唯一的亲人，她的哥哥。可是，哥哥觉得如果对外公开发布她是因为喝醉酒由呕吐物引起的窒息死亡，妹妹未免太可怜了，对于是否要诚实地公布，犹豫不决。

我十分理解哥哥的心情，对他提议："就说是因为脑出血引起呕吐，然后影响了呼吸导致窒息死亡，怎么样？"

遗属希望自己的家人最后的死是漂亮的。

特别是自杀者的遗属，更是如此。

所以，很多人不会公布实情，而会宣称病死。

名人的突然死亡，让世间关注。

大家都关注名人的死因。可是，名人也是人。

大家都有各种各样的情况，努力地生活着。有的时候，把他们逼到死的境地上的，也许正是世间这些人。

我们法医将真实的诊断书交付给遗属，而遗属要如何公布，由遗属决定就好。

被掩盖的真相

在某个精神病医院，一名住院时间不长的患者死亡了。院方对家属是这样解释的：

“患者突然开始闹腾，大声喧闹，几个男护士按住他，让他躺在床上。”

“就这样，慢慢地，患者的情况暂时稳定下来了。但是，晚上又突然发生了恶化，我们迅速地进行了救治，但还是没有来得及。”

家属却无法接受院方的说法。儿子三十四岁，因精神障碍住院，但是身体没有任何其他毛病，非常健康。突然死亡实在是太奇怪了，家属实在是无法接受。可是，医院的态度非常冷淡。

最后，这个案件作为可疑死亡，交由大学进行司法解剖。

几个月后，确定了死因，家属收到了执刀医生的意见报告书：

“是由心脏病引起的急性心力衰竭，是病死。”

家人无论如何也无法接受这个结论，委托律师调查死者死亡的经过。

执刀医生将简单的解剖记录和说明书交给了律师。由于律师和家属都对医学一窍不通，所以来咨询我。

在解剖记录中，有脸部的彩色照片。脸上有红褐色的淤血，在眼睑的结膜处，出现了大量的溢血点。溢血点是非常小的点状出血，与皮下出血不同。

出血是由于血管损坏，血液的成分到了血管外部。而溢血点则是血流发生了堵塞，血管膨胀，少量的红血球从血管壁渗漏出来的状态，血管本身并没有损坏。溢血点的表现各异，小的有蚤刺大，大的有小米粒儿大。

执刀医生的说明中写着，由于急性心力衰竭的发作，因此脸上有淤血，结膜出现溢血点，判断为急性死亡。然而，我再一次仔细查看彩色照片，溢血点有小米粒儿大。一般来说，疾病发作的溢血点应该是蚤刺大小，而这些溢血点比一般情况大了太多。

因此，我判断这也许不是病死。我将自己关于溢血点的看法向家属和律师做了解释。家属终于获得了能反驳院方的一丝线索，急忙追问我："那么，是由于压迫颈部引起的窒息死亡吗？"

照片也拍到了颈部，但看不到任何被绳子或者手压迫过的清晰的痕迹。在解剖记录中也没有记载任何关于颈部异常的内容。虽然我不敢断言，但从溢血点的情况来考虑的话，这不是疾病发作的突然死亡，窒息死亡的可能性很大。我对家属阐明了我的观点。同时，为慎重起见，我也对他们说，因为这只是我个人的观点，所以最好也听听其他法医学者的意见。

律师又立刻将资料拿给了某大学的法医学教授处进行咨询，而那位教授却说："执刀医生进行了解剖诊断，判断是正确的。急病死亡也会出现溢血点，我不能同意上野医生的观点。"

我得知后感到很奇怪。为何这位教授是法医学的专家，却不知道溢血点大小的差异呢？但是，好好考虑一下的话，可能这也是理所当然的吧。

在大学里面，只会进行类似杀人事件的司法解剖。没有任何病死、自杀、事故死亡等解剖经验，所以不会注意到溢血点大小的差异。

而法医则不同，对健康人的突然死亡、自杀、他杀、灾害事故死亡等，各种可疑的死亡全部会进行验尸，因为解剖经验的差别是明显的。

话虽如此，但遗憾的是，如果到了法庭上，提出“法医学书上写着，急病死亡也会出现溢血点”，在一名普通法医的观点和大学教授的鉴定意见相左的情况下，法官一定会优先采用后者的意见。因此，很有可能不会采用我的观点，那么，官司可能会输。

可是，那位律师没有放弃。他去了附近其他的精神病医院，向那里的医生咨询这个事件的时候，一位年轻的医生找到了他。那个年轻医生正巧在发生事故的医院做兼职的值班医生，一周大概去一次。而且，发生事件的那个晚上，正好轮到这个医生值班。

接到护士的呼叫，医生赶紧跑到了病房。发现患者的下肢已经脱离了固定带，整个下半身滑落到了床下，但由于颈部还被固定带固定着，身体呈上吊状态。医生立即对患者进行了人工呼吸，却没有来得及。这就是事件的真相。

因为这位医生的作证，官司胜诉了。

律师打来了道谢的电话。家属也千恩万谢，说多亏了上野医生发现了溢血点大小的差异，找到了解决事件的突破口。

这个事件也是死者告诉了我们真相。

我想，我们不应该拘泥于先入之见和固定观念。要仔细观察、分析实际情况，才能了解事实的真相。

科学在日新月异地发展，只对教科书上的知识囫囵吞枣，是无法进步的。

父子自杀

一位医生，三十多岁，前途有望，他的妻子年轻貌美，气质很好。在他们结婚一年后，盼望已久的孩子出生了，是个男孩子。可是，孩子有先天性的大脑疾病，是重度的身体残疾。丈夫是医生，所以一看到孩子的脸就立即发觉了。他想，“为什么偏偏是我的孩子有残疾呢”，他无法接受事实，非常烦恼和痛苦。而且，妻子刚刚生完孩子，该什么时候告诉妻子呢。后来丈夫赶在医生之前毅然亲口告知了妻子这个事实。妻子放声大哭地说：“我也觉得他好像与其他的孩子有些什么不一样的地方。”但是，第二天，妻子便下定决心说：“我会努力养育他。”

从此，她的人生就只有育儿一件事了。男孩子瘫痪在床，一切都必须由母亲照料。给他喂饭，带他去厕所，扶他坐上轮椅推他去散步,一个人扶他去浴室洗澡。找空闲时间做扫除、洗衣服等家务活。

医生丈夫每天的诊疗很忙,没有时间帮助她一起照料孩子。家里的事情全部都交给了妻子。在那个时代,这也是理所当然的。

妻子因为有卧床不起的孩子,每天忙于育儿和家务。但是,她还是经常会因为自己孩子的成长而感到浓浓的爱和感动。特别是因为他有残疾,所以哪怕是他会做了某一件小小的事情,妻子都会感到十分的高兴。这是她生存的意义。

虽然有苦有难,但是每天都平静地度过。不料,在三十年后,突然发生了令人悲哀的事件。

医生丈夫让晚上睡着了的亲生儿子嗅入乙醚,在其失去知觉后,将他勒死了。在那之前,父亲和孩子之间也没有发生过什么特别的事情,也并不是疲于看护孩子的母亲挑唆。每天忙于工作,与孩子几乎没有接触的父亲杀害了孩子。

在勒死残疾的孩子以后,那个医生自己也服用了大量的安眠药,企图自杀。可是,被听到响声醒来的妻子发现了,马上将他送到了医院,保住了生命。

妻子无法理解杀死亲生孩子的丈夫。她一直认为丈夫是个优秀的医生，也是个好丈夫。虽然孩子残疾，照顾他有些辛苦，却也是幸福的一家人。为什么丈夫要杀死亲生孩子，自己也打算寻死呢？

丈夫说："如果，我和有残疾的孩子不在了，妻子就能享受剩余的人生了。孩子出生之后三十年来，妻子为了照顾孩子日夜操劳，完全没有自己的人生。这太不幸了。我希望她能不被任何人束缚，在剩余的人生自由地做自己喜欢的事。从今往后希望妻子可以决定自己的人生。为此，我决定和孩子一起自杀。"

丈夫一边流着眼泪一边向妻子道歉。

妻子也流着眼泪，二人牵着手自首了。

这个父子自杀事件是缘于丈夫对妻子和孩子的爱，虽然还应该有更好的方法。但是一想到丈夫的心情，就觉得胸口热热的。

投币式寄存柜里的婴儿

前面的章节讲述了考虑到孩子而选择与孩子一起自杀的父亲的故事。我也经历过几次父母因为自私而杀害孩子的事件。

我曾经几次给被抛弃的小婴儿做过司法解剖。

这个小婴儿是在涩谷车站的投币式寄存柜中发现的。超过了保管时间还没有人来领,工作人员就将寄存柜打开,打算回收里面的纸袋,结果发现有异臭。打开一看,里面有个像是刚出生男婴的遗体。工作人员大吃一惊。婴儿才仅仅五十厘米左右,刚出生几个小时,被包在包袱里。因为一直放在密闭的空间里,所以身体乌黑变色,开始腐烂了。

好不容易降生到人世间,却仅仅存活了几个小时。小婴儿还什么都看不见,也不会哭,可是他也有本能的感受。他在有限的几个小时的生命里，只感受到了恐怖和不安。将这样小小的可爱的生命抛弃，这真的是自私冷酷的杀人行为。

这样的情况很多是发生在年轻的未婚女性身上。不小心怀孕了，可是把孩子生下来也没有能力抚养。偷偷地怀孕、生下孩子后，不知道该怎么办，最后觉得孩子影响到了自己的生活，就将孩子扔掉。

实在是太不把生命当回事了。

这种情况下，必须要搞清楚这些小婴儿到底是出生的时候就是死胎，还是出生之后死亡的。如果是死胎的话，就是遗弃尸体罪，如果是活着生下来的婴儿死亡的话，就是杀人罪。差别太大了。作为法医，必须要去询问死者。

而要做出这个判断，只是靠验尸的话是弄不明白的。必须要进行解剖。将肺取出放入水中。如果是死胎的话，那么从来没有用肺呼吸过，所以肺里面没有空气。但是，活着生下来的婴儿哪怕只用肺呼吸过一次，肺就会浮起来。因此，如果肺浮在水面上，则是活着生下来的婴儿，下沉到水里的话就是死胎。

投币式寄存柜里的男婴，是活着生下来的婴儿。

也许，是认为没有能力将他养大，明明知道放在寄存柜里小婴儿会死，但还是将他放在了那里。也许是故意堵住嘴让他窒息死亡的。现在这个婴儿是怎么死亡的已经无从而知了。但是，这样一条宝贵的小小的生命，就这样被残忍地杀害了，我在解剖的时候，感慨良多。

二〇〇七年，日本熊本县的医院设置弃婴舱，引起了社会的广泛关注。有反对的意见认为这难道不是允许弃婴行为了吗？但是，如果年幼的生命一定是要被丢弃的话，那么通过这种方式生命就能够得救，我对弃婴舱投赞成票。

男欢女爱的时候只是出于自己的欲望和快乐，生下孩子后不负责任地将孩子像物品一样丢弃的行为是绝对不能被允许的。但是，或许有的母亲有不得已的情况无法抚养小宝宝长大，分别的时候也会痛哭流涕的吧。也许有的母亲一边反复对孩子说，过段时间妈妈就回来接你，一边流着眼泪将孩子轻轻放下。我相信，对于那样的人来说，这个弃婴舱就是救世主，一定会有许多年幼的生命在这里被救助的。

为了不要让投币式寄存柜的婴儿这样的悲剧重演，必须要对整个社会结构进行改革。

分 娩

孕妇在被褥中躺着死去了。

发现的是出差一个礼拜后回到家的丈夫。

两人结婚五年，始终没能怀孕。妻子多次被丈夫的母亲追问："还没怀上孩子吗？"由于婆婆的态度，妻子一直压力很大。

可是，一直也没有怀上孩子。也许是因为自己身体的原因吧，妻子已经快要放弃了。

就在这时，丈夫像平时一样下班回家，正在换衣服时，妻子过来依偎着他的背说道："嗯，那个，有件事告诉你哦。我肚子里有宝宝了。"丈夫很吃惊，转过身问妻子："啊，真的吗？"妻子满脸幸福地点了点头说"嗯"。两个人互相拉着对方的手，不由得流下了眼泪。那天晚上，丈夫一想到自己要做父亲了，就高兴得怎么也睡不着觉。

之后，每天晚上，两个人都会对着肚子里的宝宝说话。丈夫每天晚上都会抚摸妻子的肚子，看看宝宝有没有在踢妈妈肚子，或者把耳朵贴在妻子肚皮上，听宝宝心跳的声音。这是丈夫辛苦工作一天回家后最大的乐趣。妻子在给宝宝织白色的毛线衣，这样无论是男宝宝还是女宝宝都可以穿。每天都是那样的幸福。

因为工作上出现了一些麻烦，丈夫必须要去外地的客户那里出差一个礼拜。虽然一个礼拜都没能和宝宝说话，觉得很遗憾，但是一想到回到家后就可以赶紧给宝宝讲讲自己在出差的地方看到的景色和吃到的好吃的饭菜，丈夫就归心似箭，急忙赶回家。

丈夫打开门以后，闻到了奇怪的味道。说“我回来了”，妻子也没有回答。房间漆黑一片。丈夫想着妻子是不是出去买东西了，打开了卧室的门。

妻子躺在被褥里。丈夫想，是不是哪里不舒服啊。靠近以后一摸，妻子的身体已经冰冷了。

接到报警后，警察马上赶到，进行了现场取证。

“明天上午法医会来验尸，请保持原状。”警察对站在那里发呆的丈夫说。丈夫脸上毫无表情,无法接受这个事实。

那是非常炎热的盛夏。

我赶到现场的时候已经是第二天的下午了。

现场是木造公寓的二楼。在还没上楼梯的时候就瞬间闻到了恶臭。进入房间后,腐烂的臭味刺鼻。昨天进行现场取证的警察一边不停地擦着汗,一边说:“昨日没有发出这样的臭味啊。”

揭开妻子盖着的被子后,尸体已经膨胀得像巨人一样,腐烂变色成红黑色了。这样已经辨别不了身份了。警察捂住嘴大吃一惊,着急地说:“这与昨天完全不一样了啊。”

在夏天的验尸现场经常会发生这样的情况,对我而言没有什么特别惊讶的。

我拜托警察,“因为要验尸,请帮助脱掉衣服”。助理和警察将妻子的衣服带子解开。这时,突然发现大腿之间有一个黑块儿一样的物体。

警察大吃一惊叫道:“哇!”我也很吃惊:“这个是什么?”仔细看了看那个黑块儿。

“这不是腐烂的胎儿吗?”听到这话,警察吓得后退了一步。

胎儿的脐带还跟母亲连在一起。

"昨天还是母亲一个人,没有这个胎儿。尸体真的能生孩子吗?"警察兴奋地问。

事实上,我也是第一次亲眼看到这样的情况。以前学到过,所谓死后的分娩,是由于子宫和腹腔内产生了大量的腐坏气体,积存过多后子宫将死亡的胎儿排出母体外的现象。现在没有这样的情况了,但是过去的时代几乎没有冷气设备,夏天炎热的时候,哪怕只是放置几个小时,尸体的腐烂就会进展很快,是有可能发生这种情况的。

"我也从事法医几十年了,还是第一次经历这样的事情。这是很少见的情况。"我将死后分娩的原理解释给警察后,他知道了这不是杀死胎儿或者尸体损坏后,稍稍放下心来。

警察说:"医生,母亲死后也有生孩子的力量啊。真让人吃惊。这就是人的生命力吧。"

最后,判明了死因,是由于妻子一直患有的心脏病突发引起的病死。一想到满心期待孩子出生的丈夫,变成了孤单一个人,就觉得真的很可怜。

虽然死后的分娩从医学角度可以解释,但是我感觉警察所说的"母亲死后也有生孩子的力量"也好像是真的。

虐　待

这次的验尸对象是小学低年级的天真烂漫的男孩子。

无论哪个法医也都不会喜欢对孩子验尸。尽管是工作，看着年幼孩子的尸体，还是很难过的事情。

首先，警察接到报警，东京都二十三区内发现可疑尸体。警察在掌握事件的内容之后，会委托我们监察医务院进行验尸。法医、助理和司机组成一组，与警察和立会官等一起奔赴发现尸体的现场，然后开始验尸。

仅仅通过验尸还是不知道死因的话，会将遗体送到监察医务院，由值班的法医进行解剖。验尸和解剖以轮班制的形式进行。

从警察那里得到通知，将要验尸的遗体是“六岁的男孩子”，赶往现场的脚步一下子变得沉重起来。

第一眼看到男孩子的尸体时，首先让人吃惊的是那个男孩子实在是过分的消瘦。他的嘴巴紧紧地闭着。看到他的那个表情，就让人觉得一定要好好地查明真相，查出他到底是怎么死的。

我在开始验尸的时候，一定会首先双手合十，对遗体默哀。我首先面向男孩子，衷心地默哀祈愿。

很明显是遭到虐待的儿童。身体到处都是伤疤和伤痕，还有几处烟头的烫伤痕迹。有一些伤痕已经很陈旧了，他应该是遭受到了长时间的虐待。

这个男孩子是母亲十七岁的时候生下来的孩子。刚出生的时候，母亲和孩子两人一起生活。但是最近，母亲与一个年纪大的男人开始交往后，母子二人与这个男人搬到一起生活。从那个时候开始，母亲变了。

邻居打招呼，她也经常不做回应，只顾低下头独自向前走。从前，母子二人总是手拉手出门，母亲待人接物的态度也非常好，邻居们都交口称赞母子二人的感情好。可是在与那个男人同居之后，就再也看不到母子二人一起出门的身影了。

而且，还经常会听到男人粗暴叱责的声音。邻居经常会听到男人“你是不是耍我呢”的咆哮声，孩子“对不起”的哭泣声和道歉声，妈妈喊着“不要”的声音，重物落下来的“嗵”的声音。还有邻居曾经目击过，男孩子被赶到阳台上，一边哭着一边敲窗户喊着“妈妈、妈妈，让我进去吧”的可怜样子。

以前男孩子很精神，从不认生，可是慢慢地在学校里也变得少言寡语起来，经常一个人待着。

有一次，一个住在附近的中年男性发现男孩子坐在路边，在与男孩子打招呼后，发现他的脸颊红肿受伤了。

邻居问他：“这个伤是怎么回事？是不是被谁欺负了？”

男孩子露出笑容回答说：“是我做错了事，被爸爸打的。但是爸爸打我是因为我做错了事。爸爸和妈妈都没错。”

对于不知道亲生父亲是谁的男孩子来说，男人是他唯一的父亲。虽然一直被责备、被殴打，男孩子还是刚强地袒护了严厉冷淡的父亲。

但是，父亲对男孩子的虐待没有停止。

几天后，男孩子因为头部受到强烈的撞击，发生了急性硬膜下血肿死去了。就因为男孩子“剩了饭”，男人命令男孩子坐好，然后开始打他的脸颊。而且是连续打了几十下，打了一个多小时。男人还对着他的肚子又踢又打。这种情况在这个家里是家常便饭。

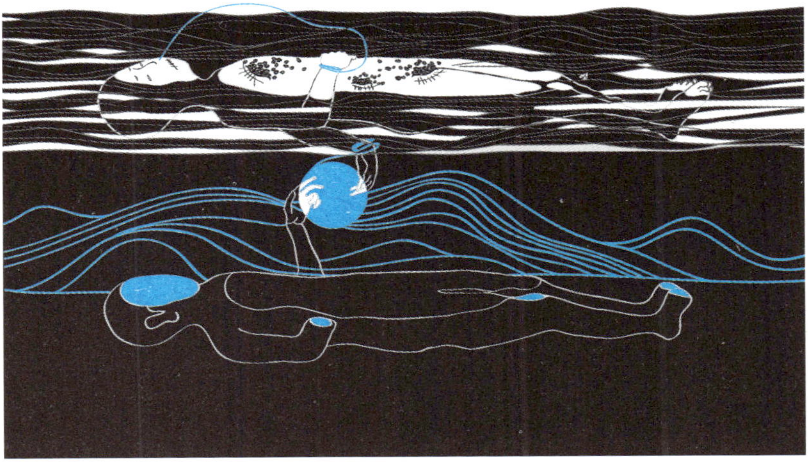

身体到处都是伤疤和伤痕。

而母亲则只是恐惧地默默地看着这一切的发生。

被逮捕的父亲宣称这是对孩子的教育，一副满不在乎的态度。

也许母亲也遭受到了男人的暴力。这已经无从得知了。对无辜的孩子施加暴力是荒谬绝伦的。但是母亲对这个行为没有进行阻止，进而导致孩子死亡，也是同罪。

最近，即使是怀疑儿童受到虐待，学校和行政部门也不进行深入调查，结果错过了孩子求救信号的情况时有发生。

行政部门收到邻居的通报，怀疑孩子遭受到了父母的暴力。可是，当行政部门去那个家庭进行访问的时候，父亲却说："没有施暴。那个伤痕只是为了教育孩子。保证以后不会再做了。"行政部门就回答说："哦，是这样啊，好的。"从此不再追究了。

学校和行政部门都应该采取坚定的态度，更为深入地追究这个事情。但或许，行政部门也有很多为难之处吧。

无论受到怎样的虐待，对孩子来说能依靠的只有父母。该有多痛啊。该有多难过啊。一想到那个孩子一直在默默地忍耐着，就让人不禁流下眼泪。

再也不想给孩子验尸了。除了深深的默哀，自己做不了什么其他的事情，真没用啊。

我与妈妈一起走了

只留有一行字：

"我与妈妈一起走了"

是母女一同自杀的现场留下的遗书。

一同自杀的是小学低年级的女孩子和她的母亲。在公寓的一个昏暗的房间里，两人被发现躺在那里死去了。遗书是女孩子写的。是还写不太好的充满稚气的字体。

在女孩子遗书旁边的枕边，发现了母亲写的遗书。"这个孩子一个人生活下去太艰辛了。因此，我们两个人决定去死。"字体很漂亮。

女孩子耳朵有残疾，听不见。可能母亲对孩子的未来感到悲观了吧。因为耳朵听不见，孩子将来一定很艰辛，我活着期间还好，我死了这个孩子一个人怎么办呢。她一个人无论如何也无法生存下去吧。母亲每天忧愁焦虑，最后选择了死。

母女二人将房间门窗紧闭后，打开煤气总开关，因一氧化碳中毒死亡，这没有什么疑问。问题是这两封遗书。

如果是母女二人意见一致，决意一同自杀的话，那么母亲和孩子都可以作为自杀。但是，如果孩子没有同意自杀，那么就变成母亲自杀，并杀死孩子，孩子是他杀。

这个孩子，真的是出于自己的意愿决定自杀，写下的“我与妈妈一起走了”的遗书吗？从笔迹看，确实是这个孩子写的没错。可是，这是否是母亲强行要求她写的，这已经不得而知了。

这个判断是由法医和警察进行的。

由于这个差别，如果加入了保险的话，保险金的支付会发生很大的变化，所以判断很困难，而且责任重大。必须要对现场的情况仔细检查判断。

我与负责的警察发生了争论。

警察的意见是：“这个字是这孩子自己写的。所以两个人都应算作自杀。”

可是我认为才七八岁的年幼的孩子，还不明白“死”到底是什么，因此，她在写的时候，应该是没有“死”的意愿的。

虽然妈妈对她说，“现在要与妈妈一起走了”，但这个女孩子真的能理解母亲话中的含义吗？

如果是十五六岁的孩子的话，也许还能有死的意愿，可以被认可为遗书。可是，这个小女孩才七八岁。

最终，与警察商讨后，决定不认可还未成年的孩子的遗书，孩子作为被母亲杀死的他杀，母亲被认定是自杀。

没有法律规定几岁可以作为遗书被认可。只能通过当时的具体情况来进行判断。

遇到这样的事件，每次判断都是异常艰难。

虽然还有许多可以改善的地方，但是现在较从前，社会福利大幅改善，即使身患残疾，也有了很多保障，生存下去不是那么困难了。但是，在从前，如果出生的孩子有残疾的话，父母会感到前途悲观，因此发生过许多起父母和孩子一起自杀的事件。我也经历过多次类似情况的验尸。

这个女孩子也许根本就不知道这是遗书，还想着能与妈妈去开心的地方一起玩，天真烂漫地写下了这行字也未可知。

孩子比父母认为的要更加信任父母。无论是怎样的父母，孩子都依靠父母生活。

这个女孩子也是对母亲深信不疑的。一想到她那小小的身影，我就禁不住难过。

每次一发生这样的事件，我便忍不住想，难道没有别的方法可以救助他们吗？

我认为，无论是怎样的人，过着怎样的生活，都是有价值的。我期待日本将来可以成为一个让所有人都可以放心生活的国家。只要是活着的人，就有尊严。

医者仁术。

父亲的背影

我的父亲是医生，在北海道一个没有医生的村庄开诊所。那里只有我父亲是医生。因此，如果有老年人耳朵疼，我父亲就是耳鼻喉科；如果主妇的皮肤破了，我父亲就是皮肤科；如果孕妇要生产了，我父亲也兼做妇产科。

没有什么科与科的区别，我的父亲是个全能医生。

因为我们的家和诊所是在一起的，所以晚上我们经常会被急切的敲门声和"医生、医生"的呼喊声惊醒。我经常一边听见焦急的声音说着"医生，我妻子快生了，请您去看看吧"，然后是父亲跑出去的声音，一边再一次进入梦乡。

以前没有医疗保险制度，所以很多人因为支付不起治疗费用而接受不了诊治。我们住的地方，是个到处是山地和田地的农村，大家都很贫穷。

我父亲从这些患者那儿几乎没收过诊疗费。每次，当患者很抱歉地说："医生，对不起，现在没有钱"的时候，父亲总是说："别担心，有钱的时候再说吧。"

以前，白喉这个病很流行。感染白喉的话，会呼吸困难，同时发生心肌衰竭、肾脏衰竭而死亡，是一种死亡率很高的可怕的疾病。治疗方法有血清疗法，注射血清后就会奇迹般地治愈。但是，在当时，一次注射费就需要两三个月的工资那么贵，没有钱的人是治疗不起的。

因此，有很多抵抗力很弱的小孩子感染了白喉后，因为付不起注射费而死去。这样的情况很多。母亲带着感染白喉的孩子去恳求医生："求您救救我的孩子吧！"可是因为支付不起注射费，而被拒之门外。

当然，在我父亲的地区也没有人能支付得起注射费。可是父亲总是说"生命比钱重要"，帮人们注射。"当医生并不是为了赚钱"是父亲的口头禅。他确实像他说的那样，完全没有考虑过赚钱。

因为父亲这样，所以我们家的经济一直很困难，却从来没有缺过食物。母亲也在种地，而且患者也作为治疗费，会送来许多自家种的蔬菜和稻米，堆在家里吃也吃不完。

我们家里有兄弟姐妹四人,没有一个人抱怨过父亲不收治疗费免费为患者诊治的事情。我们觉得这是理所应当的,而且邻里大家都很贫穷,也无从比较。

现在想来,母亲一定吃了不少苦。

母亲的心里也一定经常想“希望也可以考虑一下自己的孩子们”吧。但是,母亲对这样的父亲一句怨言都没有,照顾四个正在长身体的孩子,终日辛苦劳作。

在我读旧制初中三年级的时候,曾经与父亲发生过争论。

到现在,我还清楚地记着那件事情。父亲非常喜欢读书,书房里面塞满了书。不诊疗的时候,父亲经常在读书。

有一次,父亲递给我一本书,说“看看这本书”。那是河合荣治郎的《给予学生》。因为这是第一次父亲推荐我看书,所以我很期待到底是什么内容,很有兴趣地开始读。可是,全部读完后,我还是完全无法理解书中的内容,而且感到非常生气。

书中写着不要为了国家活着,要自己珍惜自己,要磨炼自己,每个人都有自己的个性,大家一起组成了社会,这是一种个人主义、自由主义的思想。

当时的日本正值第二次世界大战期间，为了祖国而活，为了祖国可以奉献自己的生命的想法是理所应当的。我们从小就被学校灌输这样的思想。像我们这样的年轻人或者当兵奔赴战场，或者去军需工厂工作，除了为国家奉献生命，没有其他选择。这本书中的内容，在当时被认为是危险思想。

因此，对于一个初中生来说，我是完全无法相信这本书中的内容的。在我看来，这就像是在说要我背叛祖国一样，我感到非常愤怒。父亲为何要向我推荐这样的不诚实的书呢，我不能理解。

一天晚上，结束诊疗后，父亲问我："那本书看完了吗？感觉怎么样？"我生气地朝父亲嚷道："这本书中讲述的只是自私自利的想法。抱着这种想法，日本怎么能迎战全世界，战胜全世界呢？为什么爸爸要推荐我看这样的书呢？"这时，父亲用严厉的语调对我说："你的想法是错误的。为了国家战死，确实是一种生活方式。但是，也有像书中所说的这样的想法。现在对你来说也许理解还有些困难，但是你要记住。"父亲还说："如果你要是去战场的话，一定要站在最后。"

我对最后这句话大吃一惊，提高了声音说道："您在说什么呢？我们的任务就是站在最前面出战，守护国家啊。"

父亲用哀伤的眼神看了看我，什么也没说，离开了。

当时我还只是个初中生，无法理解父亲的话，还对父亲生气了。

直到我自己做了医生之后，才明白了，父亲之所以这么说，是希望儿子可以活着回来，希望儿子可以珍惜生命，全都是出于对儿子的爱啊。

我从旧制初中三年级开始，受到学生动员，在军需工厂做了一段时间工人。在还有一个月毕业的时候，东京的空袭变得越来越激烈，考虑到儿子的生命有危险，父亲强制性地命令我赶回北海道。那不久之后，就发生了东京大空袭。父亲的判断是正确的。我当时居住的宿舍全部都烧毁了。因此，我一张初中以前的照片都没有。

父亲一直在北海道继续开诊所，全年不休息。如果有的患者来不了诊所，父亲就与助手医生一起去巡回诊疗，拿着沉重的黑色皮革诊查包，挨家挨户地转。我还是医学生的时候，放假期间每次都会帮父亲的忙，替父亲拿着他的黑色皮包，一起去巡回诊疗。包非常非常重，我很好奇里面到底装了些什么。有一次父亲诊疗的时候打开包，我发现里面装满了各种类型的药和诊疗器具。因为父亲要看各种情况的患者，所以需要做各种各样的准备。

后来，大概是我结婚后十年左右，每天奔忙于法医工作的时候的事。有一次，妻子的弟弟兴奋地来到家里说："姐夫，有个有趣的事情哦。"妻弟要说的是这样一件事。妻弟在建筑公司上班，有段时间作为技术工程师在神奈川县的工地工作。有一次，在一个隧道的工地上，工人们正在一边吸烟一边休息聊天，妻弟也一边吸烟一边听着他们说话。

"上次我碰到了一个像神仙一样的医生。"一个工人突然说起来，"来这个工地之前，我在渔场帮忙捕鱼。有一次，手指被渔网割了一条深深的口子，伤口化脓、肿胀，最后，手连渔网都拿不起来了"。工人喷了一口香烟继续说，"但是，因为没有钱，没法去看医生，所以就先用毛巾包着，我想，这个样子也没法去工作，这手要是不治好，被渔场赶出去的话，今后该怎么生活呢。我走投无路，坐海岸上发呆。这时，有个穿着白衣服的老爷爷经过，突然走过来一把抓过我包着毛巾的手问我：'你这手怎么了?'我回答说手痛不能去工作后，这位老爷爷说：'这化脓太严重了，要是不管的话，手指就保不住了，跟我来。'老爷爷不由分说把我拉到了一个像医院的地方"，工人一口气说道。

"然后我说，治好了我也没钱啊。可是他说'不需要钱'，给我打了针。打针很贵的啊，一次得差不多要咱们半年工钱了，我都说了没钱了，怎么突然给我打这么贵的东西啊。这时候，医生说：'好了，好好休息休息吧，你的手指保住了。'然后真的就好了。我可以正常工作了。我真的付不出一分钱，可是知道我的手指好了以后，那个医生说'太好了，太好了'真心地为我感到高兴呢。他真的是我的救命恩人啊。真的是像神仙一样的医生啊"，工人说。

有个工人问道："这是在哪里的事情啊？""是在北海道的积丹町。"一听到这里，妻弟忍不住问："那位医生是不是六十多岁，个子很高？""是的是的。"妻弟又问："你记得他的名字吗？"工人回答，"说是姓上野呢"。

确信是姐夫的父亲后，妻弟兴奋地跑来报告给我。我也感到很吃惊，没想到会从这样的地方听到关于父亲的事情。同时，也被父亲的行为感动了。

后来，我将这件事告诉父亲后，父亲只是平淡地说："有过这样的事吗？"父亲就是这样的人。

从父亲那里，我学到了什么是人性。“医者仁术”是父亲的哲学。

我也希望能成为父亲那样的医生。虽然我做了死者的医生，但是我仍然牢记父亲的精神在努力。

倾听死者真实的声音，维护死者生前的权利，站在死者的立场上思考问题。这是我自己选择的道路，因此忘我地努力工作。并且至今自己还有幸做执笔写作和演讲会、评论员等工作，都是因为有这样的父亲存在。

父亲一直在持续为患者诊疗，直到生病住院。住院期间，陪伴的人说：“我去一下小卖部，五分钟左右回来，”父亲在看书。就在那短短的五分钟时间里，父亲倚靠着床背，书还翻开着，就那么睡去了。

这也是我特别期待的安详的临终。

因为父亲一生在为那个城市做贡献，所以是积丹町的名誉市民，最后在当地下葬。

我也深深地希望我的余生，可以像父亲一样，不留遗憾，安然死去。

不能让你一个人走

在一个公寓里，发现了一具自杀的女性尸体。我们接到通知，赶赴现场。但是，由于路上很堵，我们从接到通知到赶到现场，经过了很长的时间。

接到报警后，警察马上赶到，在确认遗体后，对公寓的房东说，“四五个小时后我会与法医再过来”，保管了房间的钥匙。

傍晚，我们急匆匆地赶到，警察已经在房间门口等我们了，于是一起进入房间。可是，在女性的旁边，还躺着一个男性。

我们很吃惊，警察也着急了。“医生，搞错房间了。”我们出来后把门关上，再一次确认门牌号后，发现这里与通知的门牌号是一致的，没有搞错。“就是这里啊，医生。”警察说着，再一次进入房间，发现还是有一个男性躺在那里。警察对男性说“不好意思”，想喊他起来，可是没有回答。仔细一看,男性也死去了。

在女性自杀的现场,又死亡了一个男性。

女性大概二十岁出头,化着漂亮的妆,穿着浅粉色的连衣裙,在被褥中死去了。是服用大量安眠药自杀。在枕边留有遗书,写着“不能与他结婚的话,没有活下去的意义”。在她的遗书旁边,还有一封遗书,写着“我不能让她一个人走。我也一起去了”。是这位男性写的。

男性是她的恋人。两人相爱了,但是由于家庭身份相差太大,结婚遭到了女方父母的强烈反对。女性觉得如果不能与恋人结婚的话,没有活着的意义,就写下遗书吃安眠药自杀了。

男性像平时一样来到她的房间,结果发现她死去了。他惊呆了,这是为什么啊。他俯在她的尸体上反复呼喊她的名字。这时,他发现了枕边有封信。打开看后,他明白了她有多爱自己。“我不能让她一个人走,我们一起在天堂相会吧。我现在就去,等着我。”他也写下遗书,追随在她后面,服用氰化钾自杀了。

而这正好是警察第一次离开后,我们到达现场之前的四五个小时内发生的事情。

如果是在现代,两个人一定会无视父母的反对,像私奔一

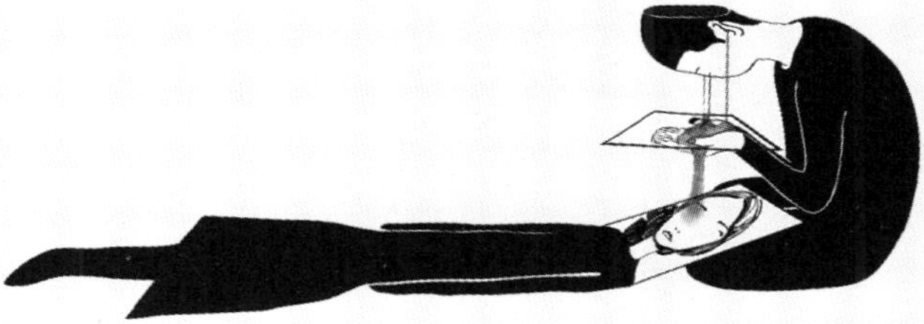

我不能让她一个人走。

样结婚;或者是明白不能结婚后马上死心,去寻找新的恋人吧。现代的男女关系与从前相比淡然了很多。

可是,从前像这样纯洁的爱情是很多的。虽然说选择死不是好事情。但是,如果无法与相爱的人结合,就只有"死"这个选项。以前的爱就是这样隐秘而又激烈。

我觉得与现在的很多淡薄的男女关系相比,以前的这种纯爱更让人感动。各位读者怎么看呢?

你有没有真正地爱过一个人?

爱的感情，
与性别无关。

同性恋

这是一个失恋自杀的现场。

结束验尸后，我正在撰写尸体检验记录。尸体检验记录与临床医生的病历一样，记录尸体状况、死因、去世人的姓名和性别、死亡的地方等。

首先询问了地址，接着询问名字的时候，一起在场的警察说："是叫×××雄。"我回答说："我想问的不是对方男性的名字，而是自杀的这个女性的名字。"

于是那个警察，意味深长地再次说："是的，她就是叫×××雄啊。"

"哎……？"

到这个时候我才终于注意到。我马上重新进行了验尸。

再一次好好地观察尸体。脸怎么看都是女性。端正的五官。乳房也是鼓起的，阴部也是女性的。但是仔细观察的话，还是与一般女性有所不同。

死者原来是女装癖。睾丸摘除了，性器官通过动手术做得与女性一样。据说死者是个有名的脱衣舞娘，很受欢迎。

因为一开始就知道是失恋引起的自杀，所以就先入为主地认为死者是女性了。作为专业人士犯了这样的错误很不好意思，但是这个事例让我得到了学习。

在战后不久，这样的手术被称为变性手术，在日本也做过很多。但是后来，人们认为对健康的男性身体动手术刀，除去睾丸等手术不能算是医疗，引起了激烈的争论，还有很多以卖淫为目的的手术增加，甚至闹上了法庭。

之后，因为女性比男性收入多，或者因为个人的嗜好等理由进行的手术被规定为违法，不能再做了。但是，如果被诊断为性同一性障碍等，有手术必要性的话，在日本现在也可以实施变性手术。

还有一个令我记忆深刻的事件。

有一对同居情侣，住在某个地区。一个人是男性，另一个人也是男性。虽然没有做变性手术，身体还是男性，但是脸型整得很是漂亮，担当着女性的角色。

两个人幸福地生活着。可是，有一天，男人交了一个真正的女性恋人。女性角色苦苦地哀求男人不要抛弃自己。可是，男人与新恋人一起，搬到了东京。

被背叛的女性角色，找到了男人的住处，刚一见面就用菜刀刺向了男人，完成了对男人的报复。我对那个男性进行了验尸，但是一开始听到事件的前因后果时，我难以理解。

虽然一开始我对于这种感情觉得难以理解，但是慢慢地，我也觉得，这是另外的一种爱的形式吧。爱的感情，与性别无关。

过劳死

有一个男人，四十岁出头，年富力强。在公司是科长，工作责任很大，每天都在不停地加班，每周都要去全国各地出差访问客户，还要每天制作企划书，处理文件，休息日加班也是常态。

他的身心都疲惫到了极点，但是却不得不继续努力工作。看着这样的丈夫，妻子和刚刚上初中的女儿也都十分担心。

男人在工作的时候，从椅子站起来的瞬间突然向后倒下，不省人事。虽然马上被救护车送进了医院，但是仍没有救过来，就这样死去了。

经过验尸、解剖，发现是由于脑出血引起的病死。

可是，妻子认为丈夫的死不是病死，而是为了公司每天从不休息，持续工作，劳累过度引起的死亡，也就是过劳死。家人

男人在工作的时候，从椅子站起来的瞬间突然向后倒下，不省人事。

一直以来看着丈夫劳累工作，这样主张也是理所当然的。

在工作中因灾害事故去世的话，算是殉职，可以申请工伤保险。这样的话，家属可以得到丈夫一千天的工资额作为补偿。到底是不是工伤，不是由法医判断的，也不是由警察判断的，而是基于公司经营者的判断，由劳动基准监督署同意，才能最终被判定为是工伤。

可是，对过劳死的判断很难。虽然解剖后确认了是脑出血，但疲劳所引起的身体功能上的变化是肉眼看不见的。这与荷尔蒙失衡，身体功能丧失所引起的身体功能死亡是一样的。

在这种情况下，只是因为身体功能死亡而验尸、解剖，也不清楚是不是疲劳引起的，因此无法判断是过劳死。劳动基准监督署会判断脑出血是一种疾病，因此是病死，而病死不能适用于工伤。

那位妻子放声大哭，对我说："医生，请您想想办法吧。我丈夫是被公司杀死的。这一年来，他一天都没有休息过，为了公司拼命工作。他是为了公司死去的。我们以后该怎么活下去啊。"

我被触动了。这个丈夫每天拼命工作，回到家只是为了睡觉。休息日也是工作。周末也没有时间与家人一起出去玩。最后突然死去了。可以想象家人是如何的悲伤。

我回答她说："这样吧，我来写封意见书，尽可能向劳动基准监督署争取，希望可以认可为工伤。"我向公司要来了丈夫的工作日程表，作为过劳状态的证据。还写了一封意见书，证明死者本人有患脑出血的可能性，但是，繁重的工作状态引起的过劳是加快脑出血发病的主要原因，然后将其提交给了劳动基准监督署。

然而，因为脑出血是一种疾病，所以，最后还是没有被认可为工伤事故死亡，我与死者妻子都很难过。在我作为法医工作期间，写过许多封这样的意见书。那个时候正值日本经济高速增长期，公司迅速扩张，工作也非常多。因此，有许多人像这个男人这样，一天也不休息，拼命工作，为了公司牺牲了自己的生命。

在我退休离职大概两年后。有一天，打开报纸，一篇报道映入眼帘，"过劳死将被认可为工伤"。我眼眶一热，感到自己过去的努力终于被承认了，小小的呼吁终于有了成果。我似乎听到了那些弱者们喜悦的欢呼。

网络自杀

在现在这个时代，孩子们玩游戏变得理所当然起来。在虚拟的世界里扮演各种角色，既可以互相厮杀，也可以模拟恋爱。这是以前的时代完全无法想象的。但是也正因如此，以自我为中心的人变得多了起来，他们无法区别虚拟世界与现实世界，不能理解他人的心痛与疾苦，只要自己的要求没有得到满足，就会马上“不爽”“生气”。

还会听到一些离奇的话语，“杀人的动机，就是想试着杀一次人”“杀人有什么错吗”。

有一个青年，对活下去产生了绝望。他因为身体不好，所以失去了工作的热情，存款也见底了。想回老家吧，又觉得现在这种情况没脸回去，他觉得走投无路了。

就在他一直觉得人生惨淡，怎么都想不开的时候，他看到了网上有个关于自杀的论坛里有一条帖子："我们一起自杀吧。"是一个同样失去了活下去的希望的人，发动大家一起去死。一个人死的话有些害怕，做不到，但是几个人一起的话，也许就没关系了吧。他们聚在了一起，在车里烧蜂窝煤，吸入一氧化碳集体自杀了。第二天早上，遛狗散步路过的人，看到一辆陌生的汽车停在那里，觉得奇怪过去看的时候，发现男女四人蜷缩在车里死去了。

每当看到几年前流行的这种网络集体自杀的事件报道时，我都无法理解，为什么在努力活下去这件事上大家不能互相帮助，而在死这件事上却可以互相帮助呢？

在我从事法医的时候，曾经有段时间，非常流行在高岛平自杀。我曾经频繁地去高岛平对自杀者进行验尸。在报纸上登出"这个是第几起在高岛平的自杀"标题后，大家就都想去那里自杀，这与在网络上相邀一起集体自杀有共通之处。

偶像歌手×××在人气绝顶的时候跳楼自杀了，媒体哗然，追查她自杀的原因。之后，许多年轻人效仿她相继跳楼自杀。这也是一种负面的连锁反应。

一位社长的事业不顺利，公司的资金快见底了，也没有钱能给工人发工资。还有新购买的器械贷款等着偿还。没有钱抚养自己的家人了。这种情况,很多会因为害怕家人担心,所以对谁也不说,选择悄悄地自杀。遗属伤心欲绝,哀叹为什么不能把烦恼对家人和盘托出呢。

现在,因为一人不敢自杀,所以通过网络招募朋友一起去死。据说还有人在视频网站上转播自己自杀的实况录像。

在我年轻的时代,年轻人都要参军。男人的生活方式就是进入各种培养职业军人的学校,之后为国家出力。但是我从来没想过要成为职业军人。

我看到过多次妻子和母亲在港口码头与即将出征奔赴战场的丈夫和儿子的离别场景。这种离别是非常惨烈的。此去一别,也许他们就不会再活着回来了。此去一别,也许就再也见不到面了。还有比这样的离别更惨痛的吗?看到这样的场景,我经常在想,如果全世界的女性都强烈地呼吁“不要让深爱的丈夫,和无可取代的儿子持枪”的话,战争就不会发生了吧。我想女性有这样的能力。我不想去那互相杀人的战场。因此,选择了医生这条道路。因为红十字精神不分敌我,只要是受伤的人都会给予治疗。

父亲对我的影响也很大。虽然最后我从事的工作不是诊断活人，而是诊断死者，但是我至今还牢记着父亲的教诲。

对我而言，从年轻时，死就是离我很近的事情，也是因为当时处于战争时期，所以我经常会思考自己的死。而现在的年轻人几乎没有机会思考自己的死吧。

这些人感受不到生命的珍贵和重要。

我诊察过两万具死者，我可以这样告诉大家。

自杀的尸体，一点儿都不好看。希望大家再好好考虑一下活下去。确实，人生有的时候很痛苦，甚至让人想通过死得到解脱。但是，坚持活下去的话，前面一定有光明的道路在等待着大家。

性交猝死的老年女人

前段时间很流行韩剧。我想读者中也有很多人对韩剧着迷吧。据说受欢迎的原因是因为韩剧的主题都是慢慢被日本人淡忘的纯洁爱情。

有一个纯洁爱情引起的死亡事件让我印象深刻。可是，这并不是一般常见的年轻男女的纯洁爱情。而是快七十岁的老奶奶与二十多岁大学生的纯洁爱情故事。两人的年龄差距和老奶奶与大学生男孩子的这个关系，让人至今难以忘记。

有一天，我收到验尸的通知，地点是一个情人旅馆。我到达旅馆房间后，发现老奶奶裸露着倒在被褥上。一个年轻男人站在一旁发呆，穿着 T 恤和短裤。警察问话后得知，两人欢爱后睡着了，之后老奶奶在被窝中死去了。是猝死，连叫救护车的时间都没有。

验尸后发现死因是所谓的腹上死，因为蛛网膜下出血引起的病死。

警察向青年询问老奶奶死亡时的详细情况，青年说：“做了三次后，二人躺下睡着了，之后就没了呼吸。”

重复一下，做了三次。

“你与死去的女性是什么关系？”对于警察的问话，青年明确回答：“是情人。”

听到这话，我和警察都吃了一惊。二十岁出头的男青年和明显将近七十岁的老年女性是情人关系。

女人留着齐肩长发，头发可以看得出有些花白。身材矮小，整体有些发福。

因为这件事是发生在三十多年前，在那个时候，过了六十岁就完全是老年人了。老奶奶改建了自己的公寓，一个人经营着寄宿宿舍。因为附近有一所大学，所以有几个年轻的大学生住在她的寄宿宿舍里。

据说这个青年也是住在寄宿宿舍里的大学生之一。起初，对于他而言，她只是寄宿宿舍的阿姨而已，但是，随着她经常做饭给他吃，在升学就业等问题上帮他出谋划策，每天都见面相处，慢慢地，两人之间的爱情开始萌芽了。有点像是母亲与儿子的关系。

她从来没有给其他大学生做饭吃，所以对她来说，这个青年也是特别的吧。不知不觉二人发展成了情人关系。可是，老奶奶很在意大家的看法，所以约会都选在秘密的地点。在以前那个时代，这么大的年龄差距，还是特别少见的。而且在那个时代，性还是一种禁忌。

青年说，他对她说过，原本打算大学毕业找到工作后，两人就一起生活的。可惜，她却因为蛛网膜下出血死亡了。

经常会听到腹上死的说法，但是在行为期间死去的并不多，多发生于行为结束，睡着两三个小时后，因心脏病发作而死亡。

信　徒

发生了一起事件，某宗教团体的信徒，杀害了被害人一方的律师，因为律师对他们造成了威胁。

实施罪行的大概有五六个人。可是，在犯罪后，他们发现留下了指纹。

他们很着急，不去掉指纹的话，就会被警察捉住。他们感觉到警察已经搜查到了附近，于是决定将自己的指纹去掉。

从属于同一个宗教团体的护士用纸锉刀将涉案的信徒们的指纹锉掉了。

为了消灭证据。

用纸锉刀锉过以后，去掉了手指尖的表皮，指纹消失了。可是，这只是暂时的。三个礼拜后，被削掉的表皮又长了出来，指纹又再次出现了。

指纹消不掉。他们很着急，找同一个宗教团体的外科医生商量。医生让作为麻醉师的妻子为他们施加麻醉，进行了去除指纹的手术。

手术将手指有指纹的皮肤全部剥去，只留肌肉。表皮和真皮全部剥去，可以想象这台手术过程相当痛苦。

与之前护士削去的不同，指纹消失了。永远不会回来了。

可是，接受那个手术的犯人们，很长一段时间都无法用手指拿东西。

我们经常可以在电视上看到警察撒上白粉采指纹。那其实是提取附着在现场的手指上的皮脂。对皮脂撒上白色的铝粉后，就会浮现出指纹的形状。

但是，在搜查中，发现现场并不是只留下了指尖，也留下了手掌部分。也就是所谓的掌纹。掌纹是整个手掌的全部纹路，与指纹一样，是一生不变的。

这个外科医生并不知道这件事情。

如果不除去手掌纹路的话，是没有用的。而且为犯人们除去指纹这一行为不是医疗，是隐藏证据。

据说这个外科医生，以第一名的成绩毕业于一所著名大学的医学系，是一个非常认真的学生，曾经说过学医是为了救助更多人的生命，本来也许可以成为名医的。可是，为什么，步入了歧途，成了为杀人犯消除证据的帮凶。

我认为，所谓的宗教，是为了磨砺自己，调整自己精神状态的一种手段。

可是，这种深信自己的信念是唯一的，而排除其他宗教，发动宗教战争的行为让人很难理解。

这些信徒是不是脱离了宗教本来的正路呢。

父母的爱

战后，我曾经在父亲开诊所的北海道积丹町生活过几年。

那是一个以捕鱼为主业的小镇。沿着海岸线耸立着断崖，港口停放着几艘渔船，是一个悠闲的渔村。

村子里经常会有剧团来，上演话剧。那还是战后不久，没有什么娱乐，因此整个镇子都非常期待剧团的到来。观众经常是满员的。这次剧团又来了，当时我大概十五六岁，和朋友、妹妹一起去看了。

剧团的剧目一直是古装剧里面的感情戏。那天的场景是：坏蛋头目率领众多爪牙，到了躺在病床上的男人家中，嘴里说着要是再还不起钱就要把漂亮女儿带走，然后强行将女儿带走。

话剧演到了女儿一边哭一边喊“爸爸”，病重的父亲一边咳嗽，一边拼命保护自己女儿的场景。这时候，突然，从观众中传来一个声音：“住手，你要多少钱？”

一个穿着长靴的老渔夫走上了舞台说：“这孩子太可怜了，我看不下去了。”他挡在了坏蛋头目面前，伸手打算从怀里掏钱。

“我给你钱，快放了她。”

一刹那，全场安静了下来。因为这个突发事件，观众们一齐沸腾了。大家齐声叫道：“好，好！”不停地拍手喝彩。剧团团长走上舞台，责备男人，“这是在演戏”。男人不情不愿地走下了舞台。

这个老渔夫大概也是多少喝了点酒吧，将表演当作了真实的故事，投入了感情，他大概心里想着实在受不了了，我来帮助那个女孩子吧。

从前这样热情淳朴的人很多。因为是乡下，所以人情味更为浓厚。

我因为是在这样的地方长大，所以自己体内也流淌着像过去的渔夫一样的热情血液。

那是在我妻子接受乳腺癌手术的时候。没有转移到其它地方，手术成功了。我想她一定很累，所以去看望她。

我对妻子说：“没事吧，手术顺利结束了，太好了。”可是她关心的却是孩子们的情况：“我没问题。孩子们都还好吗?”

当我告诉她大儿子“稍微有点发烧，可能是感冒了”之后，她马上说：“一定要带他去医院好好看看啊，我没关系的，快回去照顾他吧。”她关心的全部都是孩子的事情。

我回答她说：“喂，你自己刚动了大手术，应该先考虑一下自己的事吧。”突然想起，父亲也对我说过同样的话。

父亲住院了，我去北海道看望父亲。在闲聊了一会儿家常之后，我必须得回去了，我对父亲说：“我走了，您多保重。”这时，父亲却反复对我说：“你工作忙，要多注意身体。”

明明生病的是父亲，可是他更关心的是我的身体。

父母不管到什么时候，都牵挂着自己的孩子。即使自己躺在病床上，即使自己刚刚动了大手术，最先关心的也是自己的孩子。不管离得有多远，不管平时对孩子是如何的严厉，最疼爱的，还是自己的孩子。

在以前的著作中我也写过，在我工作期间，有一个事件让我印象很深，就是“三河岛列车冲撞事件”。

这是一起由于列车出轨，导致另外一辆驶来的列车压死了许多行人，出现了一共一百五十八名人员死亡的惨痛事故。现场散落着三十多个人的腿和手臂。

这些腿和手臂被安放在寺院中，遗属发现亲人的遗体没有右臂或者没有左腿的话，就去寺院认领。

有一对夫妇，在寻找独生儿子的右腿。他们的儿子整个右侧下肢全部丢失了。他们等候了整整两天，希望一定要找到儿子的右腿，但是一直没有找到。

一个月以后，我收到了那对夫妇的来信。打开信封后，几张信纸上，用非常漂亮的字体写着：

“突然给您写信非常失礼。我们知道这个请求是非常不合理的，但还是鼓起勇气给您写信。医生，能否请您再帮忙为我们的儿子寻找一下右腿呢？从那个事故之后，我们每天都能看到儿子。儿子一边哭一边对我们说：‘爸爸，妈妈，我的右腿在哪里。快帮我找找吧。’我们儿子的左腿有些残疾，走路很困难。因此，儿子每天都在向我们哭诉，如果没有右腿的话，他就过不了冥河。这样下去，我们儿子就没法投胎转世了。医生，能否请您再为我们儿子寻找一下右腿呢？”

我看了这封信，很有感触。这对父母因为精神上遭受的打击太大，所以状态不太正常，精神不稳定。我必须好好应对。我所能做的事情就是再一次去寻找他的右腿。可是，事故过去已近一个月，现场已经完全修复，已经无法再从现场寻找右腿了。

我查阅了保存记录的身体照片和事故报告。死者右腿的截断部分已经变形得不成样子了。从这可以判断，右腿一定是被卷进了列车的车轮，骨肉被压碎散落在了事故现场，因此才没有找到。这样的话，再继续找也是徒劳的。

我很苦恼。如果告知他们事实的话，实在是太残忍了，我说不出口。我反复斟酌遣词造句，最后给他们回了一封信，劝他们去看精神科医生，希望可以缓和刺激，稳定他们精神上的不安。后来没有再收到他们的回信。我不知道那对夫妇怎么样了，是否恢复了正常的精神状态。但是，从这个事故，我清楚地感受到了父母对孩子的爱与牵挂，是比孩子对父母的爱要强烈得多的。

父母对孩子的爱，无论到哪个时代，都不会改变的。

在我的心中，至今还流淌着父母的爱。一闭上眼睛，就能听到尊敬的父亲和母亲的声音。即使不是父母和孩子的关系，也有很多其他可以深深爱着的对象。只要是带着爱去生活，就会很幸福。

爱,到底是什么呢?

独占欲

有一个地主家的独生女，二十岁出头，在家附近的便利店打工。那个便利店有一个四十多岁的单身店长，一眼就喜欢上了她。店长向她提出想做男女朋友，可是对她来说，他只不过是打工便利店的店长而已，没有什么特殊感觉，因此拒绝了。之后，他再也没有来接触她，所以她认为他死心了。可是，有一天，母亲发现女孩子在自己家的二楼房间里死去了。

通过验尸，发现死因是窒息死亡。

所谓窒息死亡，可以考虑有三种情况。

一、由支气管哮喘发作引起的呼吸困难导致的病死。

二、被人勒住脖子引起的勒死或者被人扼住咽喉等导致的他杀。

三、自己用绳子、带子等勒住自己的脖子导致的自杀。

进行解剖的医生说："虽然查明了死因是窒息死亡，但是因为我没有看到现场情况，所以到底是他杀还是自杀，只能通过警察的搜查来判断。"

也就是说，女孩子的死有各种可能性。警察走投无路，来咨询我。

他拿着资料来问我："医生，到底是什么情况呢？"我只好说："那我们就来一个一个可能性地排查吧。"我们开始试着验证。

首先，是由支气管哮喘发作导致的病死的可能性。所谓哮喘，是指无法通过呼吸运动吸气和呼气的状态。因此，做解剖的话，肺部会鼓起，肺呈深深陷入周围肋骨的状态。对肺部插入手术刀的话会一下子泄气垂下来。

我问警察："你参加解剖的时候，肺有像气球一样泄气垂下来吗？"警察回答："没有。""那么，不是病死。如果解剖过因支气管哮喘发作而死亡的人的话，马上就会明白死因。那么下面就是自杀的可能性。"自杀的话，自己在脖子上缠上带子或者绳子，然后拉扯。之后会失去意识松开手。如果这时候勒脖子的地方放松了，就会再次呼吸，然后恢复呼吸。因此必须紧紧地打结，不能放松。这样，手松开的时候还是打着结,人就会死亡。

“死者的脖子上有打结的绳子吗?”“没有,已经向发现死者死亡的母亲确认过了,脖子上没有绳子,而且也没有绳子的勒痕。”“那么,自杀引起的窒息死亡的可能性也没有了。只剩下他杀了。”

可是警察说:“医生,这个事件他杀是绝对困难的。所以我才这么伤脑筋啊。”我问他:“是怎么回事”? 原来,女孩子住的房子,是住了几十年的旧房子,在玄关前面就是楼梯。一楼是她的爷爷奶奶的房间。不上楼梯是到达不了二楼她的房间的。警察上楼梯的时候,发现每上一步楼梯都会发出吱吱嘎嘎的响声,整个房间里都能听到。因为响声太大,连警察都吓了一跳。

发出响声登上二楼,是父母的房间,旁边是她的房间。在父母旁边的房间里,她死去了。犯人如果要上下楼梯,就必然会发出很响的声音。在一楼楼梯旁边的房间里住着爷爷奶奶。因此,警察们考虑,这样一来杀死她然后逃跑的他杀的说法就变得很困难了。

我对警察说:“但是,女孩子在那个房间里死去了这是事实吧。经过刚才的验证,排除了病死和自杀的可能性,那就只剩下他杀了。虽然不是我自己亲自解剖的,不敢说百分之百确定，但是看这些资料后，我认为死者不是病死和自杀，只有他杀。再试着从他杀这条线搜查一下怎么样?"

警察说："好的，明白了。我会再仔细调查一下的。"然后离开了。

大概一个半月之后，在报纸上看到了大字标题："便利店店长，因涉嫌杀害打工女性被逮捕，用复印机制作备用钥匙。"

店长在被女孩子拒绝之后，也一直喜欢她，跟踪着她。从她的包里偷出她家的钥匙，使用店里的复印机复制了钥匙的正面和反面，拿到钥匙店制作了备用钥匙。

店长半夜使用备用钥匙打开玄关的门进入了房间。他早就知道她的房间在二楼，可是打算上楼梯的时候，发现会发出吱吱嘎嘎的响声，惊慌地停了下来。后来，店长用楼梯的侧扶手，不发出声音进入到了二楼。

店长按住在被窝中熟睡的女孩子的口鼻致使她窒息死亡后，对她进行了爱抚。然后使用与上楼相同的方法下楼，从门口逃跑了。

据说店长是因为听到她即将结婚的传言，所以不想让任何人得到她，才起了杀意。是一种单方面的变态的爱。

爱，到底是什么呢?

完美犯罪

先入为主的看法，有时会让人看不清事实真相。

在火灾现场发现的尸体未必是“烧死”，在水中找到的尸体也未必是“溺死”。验尸的时候，一定要非常小心谨慎。特别是谋划完美犯罪的犯人，会巧妙地进行伪装。

二十世纪九十年代后半叶，在福冈县有四名女护士，为了保险金实施了完美犯罪。A（主犯）、B、C 已婚，中途曾中断过护士工作，D 一直单身，连续二十多年在医院工作。

某一天，主犯 A 想到了给 B 的丈夫购买保险后将其杀害的计划。A 为了利用 D 的医学知识，言词巧妙地将 D 拉进计划中，并煽动与丈夫感情不好的 B 说：“你丈夫为你和孩子投保，是要杀死你们拿保险金。”

计划当天，三个人在啤酒和饭里面放入安眠药，让 B 的丈夫睡着后,向他的静脉中注射了钾制剂。因为她们提前知道 B 的丈夫有心脏疾病的家族史,因此打算增加血液中的钾值,引起他急性心力衰竭致其死亡。

可是,在注射的时候,B 的丈夫大声喊痛,醒过来奋力抵抗。A 很着急,命令其他人用注射器向 B 的丈夫的静脉注入空气。她因为有相关的护理经验,知道向静脉中注入大量空气的话,会突然死去。

那一天结果还是失败了,但是,几天后,三个人使用相同的方法,向 B 的丈夫静脉中注入了大量空气。B 的丈夫身体状态急剧恶化。为了伪装成事故,她们假装叫来救护车,可是,B 的丈夫被医院收治不久后死亡。

在医生打算向警察提交可疑死亡报告时,B 哭着央求说:

“我丈夫因为喝了太多酒,所以神志不清了。虽然采取了应急措施,但还是没有来得及。死亡没有什么可疑的。请您不要告诉警察,给我写一封死亡诊断书吧。我不想破坏丈夫的遗体。”

那个医生还是认为死因“有疑点”联系了县警察。但是,县警察经过搜查后,判断没有疑点,因此没有做司法解剖。

为了出具死亡诊断书，医生首先考虑死因是脑出血，对死者的头部进行了 CT 检查。扫描的结果显示，虽然没有脑出血，但是发现脑部的血管里面有空气进入。但不知道为什么，还是出具了病死的诊断书。

就这样，三个人得到了三千五百万日元的保险金。可是钱基本上都被主犯 A 独占了。

尝到甜头后，A 又盯上了 C 的丈夫。A 对 C 说了很多她丈夫过去拈花惹草的坏话，鼓动她给丈夫投保后将他杀害。

A 拜托 D 想办法，可以让嗜酒如命的 C 的丈夫因急性酒精中毒死亡。四个人在酒中放入安眠药使 C 的丈夫睡着后，从鼻子中插入胃管，灌入了威士忌。并且，考虑到注入空气的话，CT 扫描有可能会败露，这次向静脉注射了大量的水。

这次 C 的丈夫被送到医院不久后也断气了。虽然医生也提交了可疑死亡报告，但是警察再次判断没有疑点，出具了病死诊断书。保险金又被主犯 A 独吞了。

几年后，C 不满于主犯 A 独吞保险金，向警察告发，整个案件的真相才得以曝光。

从事医疗的护士，将自己的专业知识用于杀人，这是绝不能容忍的罪行。警察和医生都被她们巧妙的说法和伪装欺骗，先入为主地认为“没有疑点”。

但是，虽然通过伪装，可以改变死后的状况，尸体却应该还残留有死亡时的生活反应。如果能仔细观察尸体的话，在验尸的时候应该是可以发现事情真相的。

在第一个案件中，医生已经发现了脑部血管中进入了空气。一般的疾病是不可能发生这种事情的。除非是在身体的哪个部位有开放性的伤口，切开了静脉，不然血管里是不可能进入空气的。这是不可能与外因死亡搞混的。

血液通过静脉血管返回到心脏，因此有一定的吸引力。如果静脉有开放性的伤口，静脉被切开的话，空气会被吸入血管。更不用说，向静脉直接注入空气的话，会怎么样呢?

血液在肺部进行气体交换。静脉带来红血球，在肺部释放二氧化碳，吸收酶，之后通过动脉送到全身。进入静脉中的空气移动到动脉后，堵塞了脑部的细血管。

因此，在死者的体表某处一定有开放性的外伤。如果寻找一下静脉的注射痕迹，就一定能查明事件的真相。

第二个案件也是一样的。血液中的盐浓度是0.85%(因此汗液和眼泪会有一点咸味儿)。如果向血管内注入大量的水,盐分的浓度就会降低,会破坏红血球的膜,引起溶血,有死亡的危险。

在医院接受注射后,会在那个部位贴上胶布,这是为了压迫针眼,通过按压使血液凝固,就会停止出血。但是,注入大量水之后,血液就不会凝固,被稀释溶血的红色血液会从血管的伤口大量流出,因此,贴胶布和缠绷带都没有用,绷带一定会沾满了血水。这在验尸的时候也应该可以发现。

这两个事件,全部都是因为饮酒后,满身酒气,呈昏迷状态,而且陪护人员还是护士,所以医生和警察被她们诱导,产生了先入为主的观念。

验尸还是应该委托精通于观察尸体的法医或者法医学的专家。可惜,我国的法医学专业的医生实在太少了。

这次的事件,因为一个护士对主犯不满,告知了警察,才终于得知了真相。不然,事件的真相就永远不会被发现了。一想到那两个丈夫被无辜地杀害了,真的不知道该说什么才好。我们应该更真挚地倾听死者的声音。

酒精依赖症

我曾经几次为患有酒精依赖症的人进行过验尸。

现场是连浴室和厕所都没有的破破烂烂的廉价公寓。房间里什么都没有。也许,一说到酒精依赖症,各位的脑海中会浮现出满屋子堆满酒瓶的场景吧。但是,我经历的情况,房间里就连空酒瓶也没有。就连空酒瓶也被拿去换钱买酒喝了。是一间昏暗的有点脏的房间。

死者是上吊自杀,大概没有好好吃饭吧,很消瘦,眼窝深陷,嘴唇干裂,皮肤粗糙。

房间里找到了死者仅有的一张家人的照片。家人大概离他而去了吧。只有酒精可以依靠。为了填补孤独,只能喝更多的酒。自己都讨厌自己了,不想喝了,可是控制不住自己。这就是依赖症的可怕之处。最后,什么都没有了,只好自杀。

我们经常去山谷验尸。这次的死者是一个连住的地方都没有，每天靠打零工为生的工人。每天，坐在卡车后面，被送去工地做土木施工等肉体劳动，然后领到一点点工资再回来。这种打零工的工人，很多会将当天的工资全部用在喝酒上面。喝酒是为了逃避现实。为了赚酒钱去工作，然后喝酒，酒喝光了之后再去工作赚钱，就这样反反复复，天天如此。

那是一个下着小雨寒冷的冬天，我们去山谷验尸。打零工的工人是冻死的。刚一靠近死者，就闻到了酒精味。寒冬腊月，他的身上也没穿什么像样的衣服。衣服很脏，破破烂烂的。

验尸的结果是由于肺炎引起的冻死。这样打零工的工人，也有人因胃溃疡死亡。解剖后发现胃上面有很大的穿孔。这么大的穿孔，一定疼痛得很厉害。可是，无论多么疼痛难耐，他们也不去医院。因为他们宁可将买药的钱用来买酒喝。

有一对夫妇。

两个人经营着一家理发店。但是，丈夫什么工作也不做，每天只是喝酒。理发店的收入全部用于丈夫喝酒了。丈夫每天喝酒的量都在增加，慢慢地出现了酒精依赖症的征兆。妻子劝他不要喝酒了，可是丈夫开始动用暴力。他们在读高中的独生儿子看到这样的父亲，在想："整天喝酒，还打妈妈，这样的父亲还不如死了算了。只有我能保护妈妈。"儿子决心杀死父亲。于是，有一天，儿子趁父亲喝醉酒鼾声如雷的时候，将父亲勒死了。儿子是为了母亲犯下的罪行，这份孝心真让人感到悲哀啊。

无论是酒精还是兴奋剂，一旦上瘾，就很难戒掉。想要完全戒掉，必须依靠专业的知识和环境。

不能为了逃避而沉溺于什么东西。不能丧失自制力。

但是，投入满身热情，埋头于某件有建设性的事情，却是人生中的重要部分。这件事的内容是什么不重要。着迷于一件事，甚至忘记了时间，我向往这样的生活方式。

婴儿背带

我进行过多次对跳进铁轨自杀者的验尸，但是，这次的母子一起自杀的现场还是对我冲击很大。年轻的母亲二十五岁左右，背着只有六个月大小的女婴，跳进铁轨自杀。

据说母亲是育儿忧郁症。跳入铁轨自杀，头、手、脚等身体部位会被切断。有可能会找不到某些部位，经常会在几个月后，发现手、脚粘在电车上，已经风干了。

而这个案件，虽然手脚没有七零八落，但是手和脚与身体几乎只是连着一张皮的状态。脸也被压坏了，辨认不出原本的模样。被发现的时候，孩子被母亲用婴儿背带背在身后，与母亲重叠在一起死去了。

前几天，我在对护士学校的学生进行讲演的时候，向她们展示了这个事件当时的幻灯片，大家鸦雀无声。

跳入铁轨自杀就是这么凄惨。

年轻母亲穿着长裙和针织衫，这应该是她平时的穿着。从稍微远一点儿的地方，还找到了拖鞋。大概是要去购买晚饭的材料吧。女婴穿着粉红色暖色调的连体衣。大概是母亲背着孩子去买东西，因为每天疲于育儿和家务，劳累不堪，最后抑郁地走向了铁轨吧。

据说她与丈夫的感情不太好。这种母子一同自杀的情况，一般来说大多都是因为丈夫作为父亲没有能够理解妻子育儿的辛苦。妻子在做家务的时候，如果丈夫可以帮忙给孩子换换尿布，或者抱着孩子喂喂牛奶，又或者只是陪着孩子玩一玩，也可以减少妻子的负担。哪怕只是说上一句"谢谢""我来做吧"这样的贴心话，结果也许就不一样了。

丈夫帮忙照看一下孩子，对妻子说"你去外边喝喝茶休息休息吧"，为妻子创造一个能休息一下的个人空间，是很重要的。可是，很多丈夫工作结束回到家后只会说"好累"，休息日也只是躺着，什么都不干，一点都不帮忙照顾孩子，只会说"饭还没做好吗"。

甚至还有的丈夫会说"孩子老是哭，吵死了""我都要睡不着觉了，快别让他哭了"这样欠考虑的话。

孩子被母亲用婴儿背带背在身后,与母亲重叠在一起死去了。

孩子不是布娃娃。对于刚出生的小宝宝来说，哭是他的工作。通过哭来做运动，来表达自己的需求。养育孩子不是玩布娃娃。我感觉特别是最近，有很多父母没有理解这一点。

特别是第一次做母亲的人，还不习惯育儿，每天都有接连不断的烦恼。不分昼夜地给哭泣的孩子喂奶、换尿布、自己的睡眠时间本身就很少了，还要找时间扫除、洗衣服、做饭等，承担了全部的家务。

母子一同自杀的孩子大概六个月大。生完孩子半年左右，正好是母亲的疲劳达到顶峰的时候。一开始，因为是第一次当母亲，很紧张，神经也一直紧绷着。大概半年之后，疲劳积累到了顶峰。对于丈夫不合作的态度和冷淡的言行，逐渐会想为什么我要一个人这么辛苦呢，不满的情绪越积越多，严重的话会发展成为忧郁，也就是育儿抑郁症。

从前，小两口都是与父母、祖父母，亲戚等一个大家庭共同生活在一起。因此，妻子在做家务的时候，孩子的奶奶啊，亲戚的阿姨啊，大家只要有空就会帮忙哄哄孩子，一边唱摇篮曲，一边帮忙照顾孩子。虽然人多了有时会有些人多口杂之嫌，但是如果遇到孩子不睡觉、母乳不够、孩子不好好吃断奶食品等初次育儿的烦恼时，大家也会一起热心地出谋划策。因此即使丈夫工作忙不能帮忙育儿，妻子也能得到周围的很多帮助，可以放心地育儿。

但是，现在夫妇三口之家的小家庭越来越多，很多子女与父母分开生活。如果有邻居可以请教咨询的话也可以，可是，现在基本上都是高级公寓，邻里交往也变得淡薄了，连个说话的人都没有。母亲抱着还不会说话的幼儿，找不到可以消除压力的地方，躲在厚厚的壳里。

有的时候，会突然发现，“今天我没有跟任何人说过一句话”。

我所验尸的那位母子一同自杀的母亲也是处于这种状态吧。

如果有谁可以发觉母亲这种肉体和精神的衰弱，早一点去关怀她的话，年幼的孩子和母亲也就都可以得救了，一想到这里，真是无比懊恼啊。

我久久地望着那条失去了主人的、沾着血的黑色婴儿背带。

我永远不能忘记那个场景。

美国的母女自杀

因为在商社工作的丈夫工作调动，夫妇二人和三岁的女儿一家三口搬到了美国居住。可是，妻子因为不会说英语，与周围无法交流，整日待在家里。渐渐地，因为在美国什么都做不了，积累了很多压力。

另外，擅长英语的丈夫在工作中，交了女朋友，是个美国人。妻子从丈夫每天晚上都回来很晚，知道了丈夫的外遇。加上在异国他乡，生活又有诸多不方便，妻子呈半癫狂状态，慢慢地神经衰弱了。

每天，妻子都反复地哀求："让我们母女二人回日本吧。"

可是，考虑到面子问题，丈夫不同意。

丈夫自己搞外遇，还不让我们回日本，这也太过分了。

妻子越来越想不开,觉得再活下去也没有什么意义了,就决定在自己家中与女儿一起自杀。

丈夫回到家中后,看到了死去的妻子和孩子。

可是,丈夫没有报告警察,而是将两个人的遗体扔到了山里。也许丈夫是担心因为自己外遇,会被怀疑是犯人吧。

不久,丈夫因杀害妻子和孩子的嫌疑被逮捕。

丈夫很着急,这样下去自己真的会被当作犯人。他拼命向警察解释,他回家之后,发现母女一同自杀了。然而,美国人无法理解母女一同自杀这个词语的意义。他们认为这是丈夫为了逃避犯罪的借口。

在美国,没有"一同自杀"这个词语。因为考虑到孩子的将来,因为爱孩子,而选择父母与孩子一同自杀,这是日本式的想法。在美国,这只是父母的自私和任性。孩子也有自由生存的权利。美国式的想法是,如果父母想死,那就让父母自己去死好了。

"不要拉我一起。如果你想死,请自便。"

因为美国是崇尚个人主义的国家,所以这种想法是很自然的。

因此,对于美国律师来说,当然也无法理解丈夫所说的母女一同自杀的意义。律师为了理解母女一同自杀的意义，抽了一点时间来到了日本。通过介绍，前来向我咨询。

我很有耐心地向那位律师解释了母女一同自杀，并向他介绍了我所经历的一些母女一同自杀的事例。整个说明花了五六个小时。律师说："谢谢。虽然还有些部分无法理解，但是，我会在法庭上解释一下日本母女一同自杀的实际状态。"然后马上又飞回了美国。

在日本，母亲考虑到要是自己死了，孩子孤单一个人太可怜了，所以会带上孩子一起死。但是在美国，这是不承认孩子的基本人权，只是简单的母亲杀死了孩子。

这个事件也让我思考了日本和美国文化的差异、想法的差异。对于还不会自己选择的孩子来说，到底怎么做才是对他好呢？对此，很难简单地得出结论。

生死观

人降生到这个世界上来，然后死去。这虽然是很理所当然的事，但是如果从医学的角度重新考虑一下这个问题的话，会有不可思议的发现。而且，人是怎样理解、接受“生与死”的呢？所谓的生死观也是因人而异，很有意思的。

一个健康的人突然死去了，我前去验尸。

外观上没有外伤，好像是病死的，但是不知道死因。如果不知道疾病的名称，是无法发行死亡诊断书的，所以必须进行解剖。

法医基于法律（尸体解剖保存法第八条），可以对遗体进行解剖。这个时候，也会告知家属解剖的事。有的时候，家属会不同意解剖，理由有很多。

比较多的意见是：“还要对身体开刀，太可怜了。”有的时候还会有家属说："解剖的话，人就能复活吗？人已经死了，事到如今死因不重要了。如果开刀可以让人复活的话，那就请开刀吧。"因此拒绝解剖。

像这种强烈拒绝的情况，再怎么解释解剖的必要性，对方也只会固执反对。所以我也有自己的办法。

我会反问他："您反对解剖遗体，是有什么害怕让人知道的事吗？"对方想"难道自己被怀疑了吗"，只好说："那就请您解剖吧。"勉勉强强同意了。

在对韩国人的尸体进行解剖的时候，让我强烈地感受到了不同国家在生死观上的差异。

"人已经死了，您还想再杀死他一次吗？"

听到这个韩国人遗属的话，我大吃一惊。因为这与在日本经常听到的理由太不一样了。几年后，我因为去首尔采访，与韩国的法医学者谈话的时候，提到了这件事。到那个时候，我才真正明白了那句话的含义。

那个时候，在韩国还没有普及火葬，基本上都是土葬。

据说，韩国人认为土葬的话，肉体和灵魂都能保持原状，因此与生前一样，可以与灵魂交流。可是，如果开刀解剖或者火葬的话，身体外形遭到了破坏，灵魂就无法停留在身体上面了。韩国人对于死的概念与日本人差别太大了。但是，据说在现在的韩国，火葬已经成为主流。

顺便再说一下美国人，也能看到很大的不同。有一个六十多岁的肥胖的美国人，平时也一直服用心脏病的药物，在日本旅行期间突然死去了。

健康的人突然死去了，因此对其进行了验尸。验尸后发现没有什么问题，也没有可疑之处，因此决定作为心肌梗塞结案。可是家属却不接受，说："不解剖的话，怎么能知道真正的死因？"

根据家属的意见，进行解剖后，最后确定了心肌梗塞，明确了没有案件性。对于死的概念，日本人、韩国人、美国人之间有这么大的不同，真是非常有意思。

在这个问题上没有谁对谁错，重要的是坚持自己的信念，正确地面对生与死。当然，应该注意不能因为过度坚持自己的信念，而轻视死者的人权。不倾听死者真实的话语，让死者就那么腐朽的话，是最悲哀的事。

不能原谅父亲

有的时候正是因为是亲人，所以才爱之深恨之切。

这是一个幸福的四口之家。父亲是勤劳老实的银行职员，没有什么爱好，为了家人整日努力工作。妻子也一直为了深爱的丈夫和两个孩子奉献自己，操持家庭。一儿一女，大的是女儿，小的是儿子，两个孩子之间隔了三岁。父亲在郊外买了一套夫妻二人一直向往的带庭院独门独院的别墅。周末，父亲会在庭院里和孩子们开心地玩球。邻居们都很羡慕这个幸福的家庭。

妻子在富裕的家庭长大，有些被娇惯的地方，精神也有些脆弱。结婚前，曾经在精神科接受过治疗，痊愈后结了婚。

后来，丈夫升职了，做了支行的行长。因此，要整日忙于接待，经常深夜才回家。渐渐地，妻子开始对丈夫产生了不信任："每天都说接待、接待，是真的吗？"因为丈夫太忙，夫妇之间的交流也变少了，有的时候只能在早饭的时间进行简短的交谈，而这也进一步加深了妻子对丈夫的不信任。妻子想在这个时间与丈夫商量孩子们上学的问题，学校的问题等，可是丈夫却一边翻着报纸，一边只是说："孩子的事全都交给你就行了。"周末，丈夫也说要接待，陪客户打高尔夫球，不在家。本来精神上就有些衰弱的妻子，渐渐地，开始怀疑丈夫"是不是有外遇了"，精神衰弱更加严重了。人人羡慕的幸福家庭开始崩塌。

妻子下定了决心，在反复思索后，决定跟踪丈夫。

丈夫从公司出来后，来到了日式酒店，开心地与其他女性交谈喝酒。有时候，还会与女性笑着互相拉手，开玩笑。这与妻子想象中的接待客户完全不一样。在那里，丈夫看起来非常开心。而在家里，最近从来没有看到过丈夫这样开心的笑容。

虽然在那里不止丈夫一个人，还有很多其他同事，在别人看来，就是很普通的接待。可是对于从来没有参加过工作的妻子而言，她确信了"丈夫就是外遇了"。

妻子因此服用安眠药自杀了。过于坚信自己的判断是很可怕的。特别是女人在怀疑男人的时候。

从学校放学回到家的姐弟俩发现了陷入昏迷状态的母亲。并且，还看到了枕边写有“丈夫外遇了，我无法原谅他”的遗书。

姐弟俩赶紧打电话将母亲送去了医院，可是母亲还是死亡了。

对于还是高中生和初中生的姐弟俩，因为看到了遗书，因此坚持认为母亲的死是因为父亲外遇的原因，受到了很大的打击。

姐弟俩互相说：“看来爸爸最近每天晚上都回来很晚也是这个原因。”“妈妈最近精神很差，是因为知道了爸爸的外遇吧。妈妈好可怜。爸爸太过分了。”

对于两个孩子而言，发现母亲自杀，而且还没能把母亲抢救过来，这对孩子们的伤害实在是太大了。而且他们还知道了母亲自杀的原因是父亲的外遇。正值青春期的孩子们听不进父亲的话，对父亲抱着强烈的仇恨。

父亲虽然没有外遇，但是想到自己最近没有顾得上家里，而让妻子误会，害得妻子自杀了，因此非常懊悔，想尽办法修复自己与孩子们的关系。父亲还向公司请了长假，努力做着不擅长的家务，给孩子们做饭，想办法与孩子们交流。

可是，父子之间的鸿沟还是一直在那儿。孩子们一句话都不跟父亲讲，特别是大女儿，每次看父亲的眼神就像是在看什么肮脏的东西一样。

母亲自杀后，过了几个月，到了母亲的生日那天。当然，母亲已经不在人世了。

姐弟俩决定在那天一起去找母亲，用与母亲同样的方法。晚上十点左右，姐姐在确认父亲睡着后，叫醒了弟弟。姐姐将提前准备好的大量的安眠药分了一半给弟弟，两人一起吃了下去，自杀了。第二天，父亲去喊他们起床的时候，发现他们处于昏迷状态。虽然马上送到了医院，但是弟弟已经死亡了。几个小时后，姐姐也死亡了。

在两个人的枕边，留有两封遗书。

“妈妈，我们两个人要去您那里了，您等着我们啊。您不会再孤单了。”

“爸爸，是你杀死了妈妈。我们永远不会原谅你。不要用你的脏手碰我们。”

这个家庭在发生这样的悲剧之前，难道就没有其他可以修复关系的方法了吗？一想到那个父亲，只剩孤身一人，读着孩子们写满了对自己仇恨的遗书，就觉得悲哀。

欺　凌

最近感觉孩子们之间的阴损的欺凌越来越多了。虽然在新闻里也经常听到孩子们欺凌的话题，可是最近好像很多人针对一个人这种形式的欺凌突然增多了，更觉得非常阴损。前几天，我听说才四五岁的幼儿园的儿童之间也有这样的欺凌现象，感到非常惊讶。

在中小学生里，作为主犯的头头会毫无理由地决定欺凌的目标人选，说："那个家伙好恶心，我们大家都不要理他。"他们会对他施加语言的暴力，说："你好脏，别过来。""真臭！""你没有活着的意义。"还会硬逼着他吃粉笔或者逼着他喝下臭了的牛奶。他们会对他的臀部和大腿又踢又打，这样从外表上也看不出来，老师和其他大人也不会发现。其他人因为害怕下一个会轮到自己头上，所以头头说欺凌谁，大家都不敢反对，聚起来欺凌一个孩子。

班里的其他人也害怕自己会成为下一个目标，所以对这种现象假装看不见。谁都不敢喊停。老师也感到有不对劲，找受欺凌的孩子问话，可是，那个孩子不敢说出自己受到欺凌的事。如果向老师告状的话，只会受到更严重的欺凌。孩子每天都很害怕，不想去学校，如果去学校的话不知道会被怎样欺凌，也许会被杀死吧。母亲万万也想不到自己的孩子受到了欺凌，说："别装病了，快去学校吧。"催着孩子去上学。

那个孩子每天都在想，为什么只有自己受到欺凌呢，已经没有活下去的意义了。每天都觉得很痛苦，想死，但是又害怕死。但是活着只有痛苦。孩子每天都在犹豫。最后，孩子决定去死，让那些欺凌他的家伙们看看。他在遗书上写下了欺凌他的所有孩子的姓名，然后从自己家的屋顶上跳了下去。

这个已经不能算是自杀了。是他杀。

我曾经读过受欺凌后选择自杀的青年在临死之前写的日记。

日记里写着：

"好想去死。已经不想继续活下去了。活着的话，明天不知道会被那些家伙们怎样欺凌。我要死了之后向他们复仇。

活着的话,明天不知道会被那些家伙们怎样欺凌。

但是今天去公寓的屋顶上,向下看还是很可怕的。虽然很想去死,向那些家伙复仇,但是还是不敢跳下去。"

可是,在写这篇日记的三天后,这个孩子还是从公寓屋顶上跳下去摔死了。

在这三天里,不,还有在那之前,如果有谁可以倾听他的烦恼,帮他出出主意的话,就不会发生这样的惨剧了。想到这里,真的让人懊悔不已。自杀的人,一定会有所犹豫。就像切手腕自杀的人,手腕上一定会有几个犹豫伤是一样的。可以说,没有自杀前不犹豫的人。

正因如此,自杀是能够挽救,能够避免的。

为什么这样阴损的欺凌越来越多了呢?我在想,也许与时代背景有关系。在我上小学的时候,同学之间也有争吵和纠纷。可是,那都是个人的问题,没有很多人对一个人的欺凌现象。要是谁恶作剧或者做了坏事,班里的所有男孩子都会被老师用拳头打脑袋。因为是战前的事,所以什么都讲究连带责任。现在可能要被作为体罚,是大问题了吧。但是那个时候我们会喊着"好痛啊",一边摸头一边互相取笑,从不会因为是别人的原因而生气。全都是纯粹朴实的孩子。

现在,老师和父母都不再斥责孩子或者打孩子了。孩子们在家里的生活内容也发生了变化。我小的时候,即使家长不说,也会去捡枯树枝烧饭,帮家里做些力所能及的事。只有全家人各自分工,协力合作,才能一天天地过日子。所以小时候,我很自然地就学会了忍耐、责任、合作等。而现在,生活变得方便了,不再需要忍耐和努力了。只要一按开关,饭就能自动做好,洗澡水也能自动烧好。玩耍的方式也发生了变化。从前,男孩子会扭打在一起玩,身体多余的精力都能消耗掉。而现在,为了消耗积攒在体内的精力,所以欺凌弱小的孩子。在我小时候,班里会有一个孩子王,如果哪个孩子与其他班里的孩子打架了,哭鼻子了,孩子王会去帮他报仇。那个时候的朋友意识很强。

每当看到十几岁的孩子自杀的新闻,就非常懊悔,应该有可以救助的方法啊。并且,我也强烈地希望,我们大人能够好好地思考,对于这种众多人数欺凌一个弱者的精神教育,应该如何改革呢。

大家一起欺凌一个弱者。这是非常卑鄙的行为。帮助弱者才是优秀的,善良的人。孩子都喜欢英雄,是因为英雄会帮助弱者。希望每一个人,都能成为帮助弱者的人。

忍住眼泪

我们赶到了现场。是在破旧公寓的一个房间里。面积大约有四畳半。[①] 一个女性靠着墙壁垂下头死去了。

在这个安静的房间里,突然听到了什么小小的声音。是什么声音呢,再仔细观察死去的女性,发现她的上衣胸口敞开着,那里有个什么东西在动。原来是一个小婴儿。他在吮吸着死去了的母亲的奶。我们听到的就是他吸吮的声音。

小婴儿大概有六七个月大,还是个乳儿。他完全不知道母亲死亡的事情,也不可能理解。只是肚子饿了,所以本能地去吸妈妈的奶。

看到这个景象,我和一起来的警察都很吃惊,两个人都

① 畳是日本房屋的面积单位,一畳大概是 1.62 平方米。——译者注

一动不动地看着这一幕。

小婴儿和二十多岁的年轻母亲两个人相依为命。但是母亲身体很虚弱。有一天,母亲突然死亡了。邻居因为听到婴儿一直哭,所以报了警,这才发现了。我们赶到的时候,是死后四小时左右,母亲的身体还是暖的。

发现我们后,小婴儿离开了乳房,看起来好像在朝我们微笑。

那个微笑,至今仍深深地留在我的脑海中。

还有一个让人忍不住流泪的事件。

是让人无法相信的母亲和孩子的尸体。母子二人重叠着被刺死了。

有一个四十多岁的厨师。他性格急躁,在店里与客人发生口角,还与同事吵架,因此被辞退了。之后接连换了几个工作岗位。后来开始服用兴奋剂,甚至出现了幻觉和幻听。出于厨师的骄傲,他经常随身携带着柳叶形菜刀。

慢慢地,他开始认为自己工作不顺利是因为周围的原因造成的,由于兴奋剂中毒,他患上了慢性的被害妄想症,会突发性焦躁。有一天,他突然拿着菜刀,袭击了商店街上的行人。他杀死杀伤了六七个无辜的行人。男人嘴里大声叫骂

原来是一个小婴儿。他在吮吸着死去了的母亲的奶。

着，挥舞着菜刀。这时，一个年轻的母亲推着婴儿车正在路上走着，回头一看，一个手持菜刀模样可怕的中年男人冲了过来。

看到男人那个样子，母亲虽然不明白发生了什么情况，但是也感知到了危险。没有时间逃跑的母亲，双手张开，用自己的身体护住了婴儿车。她打算拼上自己的性命保护刚刚才满一岁的孩子。母亲完全没有考虑自己的生命，只考虑怎么保护孩子。

男人一边发出怪叫，一边用刀刺向了护住婴儿车的母亲的后背。后来，犯人终于被警察制服了。可是，犯人刺下的菜刀，贯穿了母亲的背，刺中了孩子的头部。

母子二人都是因为出血过多死亡。看到这母子二人的尸体，真的是忍不住流泪。用自己的身体做盾牌，拼命保护孩子的这份母爱深深地感动了我。

杀死自己孩子的母亲

这个故事在我的代表作品《与死者的对话》中也写到过，我演讲的时候也经常会谈到。

这是一起母亲用开水壶将开水倒在孩子背上，致幼儿死亡的事件。为什么母亲要杀死自己可爱的孩子呢？我想，思考、理解母亲的心理状态也是非常重要的。

有一天，小女孩正在地上爬着玩。房间里有一个煤油炉子。小女孩撞上了煤油炉子，不幸的是，正好有一个装满开水的水壶砸到了小女孩背上，造成了严重的烫伤。虽然火速赶往医院接受了治疗，但小女孩还是没有撑住，第二天就去世了。

小女孩的母亲，口中一直念叨着是自己的错，呈半疯癫状态。

处理伤情的医生开具了烫伤致死的死亡诊断书。

但当小女孩的父亲前往区政府提交死亡诊断书时,对方却回答说无法受理。

因为小女孩是在外界因素(由开水这种外力造成的死亡)的作用下死亡的,这种情况下,一般医生开具的诊断书不能作为正式的死亡证明。

按照法律规定,医生向警方提出可疑尸体(非正常死亡)的申报。在具备法医制度的东京都内,需要由法医和负责调查案件的警察一起进行验尸。只有法医在验尸后出具诊断书(尸体检案书),政府才可以受理。

小女孩的父亲拿着死亡诊断书回到了医院。医生立即向警方提交了非正常死亡的申报。

法医与助理一起,前往验尸。

女孩子的遗体缠绕着厚厚的绷带。

法医仔细地拆掉一层层的绷带,开始验尸。

当他看到烫伤痕迹时很是吃惊,因为这块留在小女孩背上的烫伤痕迹竟然是一个圆形。

法医对一同在场的警察说:“这个烫伤很奇怪。”

法医指出:“如果是小女孩自己撞上煤油炉导致开水壶

砸到后背的话，开水一定是四处溅开，留下的痕迹应该是不规整的。而这个女孩子的烫伤痕迹是圆形的。父母的说法是撞上煤油炉导致开水壶砸到后背，而情况与尸体身上的伤痕不吻合。最好再重新搜查一下。"

警察也觉得很奇怪，再次进行了搜查。

于是，小女孩的母亲最终哭着招供了。

因为忧心于这个天生智力低下的孩子日后的命运，母亲亲手将开水倒在孩子背上，并伪装成小女孩自身的过失。

从案件本身来看，这是母亲因为单纯的自私进行的杀人案件，年幼的孩子被杀害了，没有什么特别的。

可我在想，如果试着考虑一下实施犯罪时，犯罪者一方的心情，去真正地理解这位母亲的话，才能真正地解决这个案件，让同样的悲剧不再重演。

当然，法医的工作是通过验尸、解剖，仔细倾听死者的声音，判断死者的死因。

可是，我想我们也有必要倾听一下杀死孩子的母亲的声音。

实施杀人的母亲，每天都在悉心照顾孩子，从给孩子喂饭，到给孩子端屎端尿。母亲每天都在烦恼，担心孩子无法顺利长大，担心孩子将来的命运。母亲担心，大女儿会不会因为妹妹的精神残疾，被同学们欺负。在从前的那个年代，与现在相比，对残疾人的偏见要大得多，残疾人的生活非常不好过。母亲开始想，如果这个孩子不在了，生活该变得多轻松啊。

没有人能很轻松地杀死人。更不要说对方是自己的亲生孩子。

罪犯也并不是全部出于自私的考虑实施杀人的。了解这一点非常重要。

每一次的验尸都是一个故事。每一个死者的话语，都应该认真倾听。只要认真面对，无论是活着的人还是死者，都会叙说真实。

物证检查

我收到了许多读者来信。特别是在女高中生的来信中，经常会问到，我想成为像上野医生这样的法医，应该怎么做才好呢。

我一般的回信都是：

“首先要先进入医学部学习。入学后先学习医学全科，搞清楚法医学到底是一门什么样的学问后，如果还想从事法医学的话，我会尽可能地帮助和支持您的。”

不过，我从来没有收到过来自医学部学生咨询和请教法医学的信件。

法医学在医学中，就像是远离热闹城镇的一处郊外房屋的感觉。医生的正业是扶助人的生命，如果将这作为主流的话，那么法医学是与活着的人无缘的，研究尸体的医学，给人一种支流和末端的感觉。

人怎么样才会死亡，死后尸体会发生怎样的变化？法医学与治疗医学是从完全相反的方向看待医学的。由于也会接触犯罪尸体，经常会与警察一起验尸、解剖，查明死因、死亡时间、凶器、犯人画像，为警察的搜查提供医学的帮助，经常要制作法院审判所需要的鉴定书等资料，因此也被称为犯罪医学、审判医学等。

对法医来说，仔细观察尸体是非常重要的，而死者穿着的衣服状态、房间的混乱程度、血迹飞溅的形状等也会成为重要的资料。

在碎尸事件等使用的塑料袋、包装纸等也能成为重要的线索。不仅仅是尸体，物证检查也是十分必要的，因此法医学经常被称作一门杂学。

一九九二年的秋天，在某市游泳俱乐部工作的年轻女性，被发现死在了自己汽车的副驾驶座位上，汽车停在室外停车场上。汽车的收音机是打开着的，受害人的衣服上沾满泥，头发上面还沾着树叶和植物的种子。在游泳俱乐部工作，怎么会浑身沾满泥呢？

根据警察的调查，死者是因为颈部压迫引起的窒息死亡。从穿着的衣服上沾满泥来看,犯罪现场应该不是在车内,而是在其他地方。警察开始调查头发上沾着的种子。

通过分析,知道了头发上沾着的是水杉树的种子。水杉树产于中国,在战后一九四九年被带入日本,现在在各地都有种植。

通过调查发现,在距离停车场八公里左右的农业试验场的果园里种有这种水杉树。搜查了该果园,发现水杉树下有拖拽的痕迹,并在那里发现了受害人的遗留物品。

只是一粒种子,也有可能成为解决案件的钥匙。

还有一个案件,是发生在停泊在东京湾的船内的杀人事件。罪犯将受害人绑在了废旧电冰箱上,深夜,将受害人和电冰箱一起扔进了大海。罪犯以为这次犯罪一定很完美,可是天亮后,却发现男人与电冰箱一起浮在了水面上。虽然感觉电冰箱是很重的,但是其实它并不沉于水。听起来像是个笑话,却是一个真实的故事。

另外一个,是妻子杀害了丈夫,用车将尸体运到桥上,然后放入了三个装满水的聚乙烯瓶子,与尸体一起扔到了湖里。第二天早上,放入了三个聚乙烯瓶子的尸体浮在了湖面上。聚乙烯瓶子里面加入水,确实会变得很沉。可是,因为瓶子里的水与湖水的比重是一样的，所以不会下沉。这都是些无知的犯罪行为。

所谓的完美犯罪，并不是那么简单就能做到的。

法医有时不仅仅倾听死者的声音，还会倾听物证无声的声音，寻找事件的真相。

谢谢大家的照顾

在我做现役法医的时候，因为欺凌而自杀的少男少女不多，而老人的自杀却越来越多。也许与时代的变化有关系吧，我为许多自杀的老人做过验尸，他们大多是被亲人疏远，走上了自杀的道路。

而他们的亲人却声称老人是"因为病痛之苦"选择自杀。我想要替这些老人说几句话。

这次事件现场是一个独门独院的别墅，位于一处清静的住宅街。门口整齐地摆放着开满漂亮鲜花的花盆，一眼看上去像是非常幸福的家庭。可是，就是在这个家中的一个房间里，一起生活的爷爷上吊自杀了。

爷爷被摆放在昏暗的榻榻米房间的被褥上，确实是缢死。

爷爷微胖,看上去很健康。可是儿子夫妇,坐在客厅的沙发上,他们的脸上看不出因为爷爷的死而悲伤,反而露出了松了一口气的表情。我看到这种情况,便走上前去问他们:“爷爷为什么会自杀呢。看上去很健康啊。”儿子一瞬间有些吃惊,但是马上又恢复了平静的表情。“我们的生活很幸福,没有什么不满足的,我也想不出他为什么自杀。”

可是,我曾经为几个自杀的老人做过验尸,知道肯定不是这样的。这些老人比我年长,经历过战争,忍受过战后的混乱,这些苦难都经受过,为什么会选择用自杀这种方式结束自己的人生呢?我继续追问道:“天天在一起生活,怎么会不知道原因呢?”结果他们回答说:“对了,爷爷经常说腿痛。大概是神经痛吧。”

果然还是这样。对于老人的自杀,亲属总会说是因为病痛。我接着问:“只是因为腿部神经痛,就会自杀吗?”儿子说:“我去泡茶”。慌慌张张地离开了。气氛非常尴尬。

警察在我的耳边压低声音说:“医生,已经确认是自杀无疑了,也没有案件性,就姑且当作是苦于病痛选择自杀吧。”于是,我非常无奈地在尸体检验书上的动机一栏填上“因为病痛之苦”。这样的事太多了。

七八十年来，经历过人生的大风大浪、起起落落，怎么可能因为腿部神经痛就选择自杀呢。

对于儿子夫妇而言，一直将老人当作是沉重的负担，现在内心深处可能会有一种解放了的轻松感吧，所以才露出松了一口气的神情。但是，老人在家里自杀了这件事，面子上不好看。所以要将原因推给健康问题，这样周围也就不好说什么了。自己怠慢老人的行为，也就不会被其他人知道了。

如果老人对家人说"腿好痛"的话，家人切切不可以说"上了年纪，痛也是没办法的"之类的话。老人之所以会喊痛，虽然确实也是因为真的痛，但是在老人的内心深处，也像小孩子一样，希望亲人来关心、爱护他。老人是在寻求家人的亲情。如果家人可以亲密地询问"哪里痛"，温柔地对老人说，"我来帮您按摩按摩吧"，很多自杀就可以被挽救。

老人们选择了死亡，遗属们不愿叙说真相。在这样的验尸现场，我觉得百味杂陈。

这种老人自杀的情况，确实有些健康问题的原因。但是，许多老人并不是因为肉体的疼痛难耐而选择了死亡。而是家人们缺乏同情心的话语、冷淡的态度、冰冷的反应，让老人感受到了疏远感和孤独感，老人对此不堪忍受，而选择了自杀。

通过验尸,家人们努力想掩盖的事实,疏远的家庭关系都能浮出水面。只有亲自到现场进行验尸和调查,才能得知真相。国家和行政部门必须要重视这一点。

有的时候,家人因为考虑到面子问题,会想要掩盖自杀这件事。

有一次,接到通知说一位老人睡觉期间去世了,我赶去验尸后,发现老人的颈部有绳子勒过的索沟。很明显这是上吊自杀产生的。可是,儿子夫妇却坚持声称老人是睡觉期间去世的。

“老人昨天像平时一样睡觉了。今天早上,我们来叫他起床的时候发现人已经冰冷了。”我只好说:“那这样的话,还是有些不清楚的地方,只能通过解剖来判断了。”这时,儿子夫妇惊慌地承认:“是上吊死的。之所以隐瞒是因为自杀太没面子了。”他们不考虑死去老人的痛苦,只注意周围人的看法和面子,所以才隐瞒了自杀的真相。

一个人独居的老人和三世同堂与儿孙一起生活的老人,哪种生活方式更幸福?也许有人说,这样的提问太愚蠢了。读过我的著作的读者朋友们也许已经知道答案了。

丈夫去世后，自己一个人生活的老奶奶，想象中应该很寂寞吧。附近没有亲戚，能说说话的人只有在医院认识的朋友和每周来一次帮忙扫除的钟点工。而三世同堂的老爷爷呢？生活很方便，身边有可爱的孙子和儿子夫妇，笑声不绝非常热闹。在一般人看来，老奶奶的生活是孤苦伶仃的，老爷爷的生活是快乐幸福的。可是，事实上，与年轻一代共同居住的老人更感觉孤独。因为，三世同堂与儿孙一起生活的老人比一个人独居的老人自杀率要高很多。

我从一九七六年开始，对三年间在东京都发生的老人自杀进行了调查，总结发表了题为《老年人自杀》的研究，与监察医务院的同事们一起，探索了老年人自杀的现状。

三年大约有 16,500 人非正常死亡，其中 60 岁以上的自杀人数约为 6%，有 994 人。问题是自杀老人的生活状况。

在东京都的老人家庭中，自杀的老人与家人共同居住的比例占 63.1%，是最多的。按家庭结构来计算自杀指数的话，与家人共同居住的老人 10,000 人里面，就有 5.5 人自杀。与家人共同居住的老人的自杀率，比一个人独居的老人要高出 1.6 倍多。

自杀的动机是“因为病痛之苦”的大约占40%。但是，这只是表面的数字。病痛有高血压症、癌症、风湿病、神经痛等。可是，除了癌症以外，其他几乎都不是有性命之忧的疾病，如果家人可以温暖地照料和护理老人的话，都是能够战胜的疾病。所以，可以说，老人选择自杀真正的动机不是疾病之苦，而是来自家庭内部的冷遇和疏远。

我验过两万具尸体，见过许多自杀。

那其中，很多尸体都在诉说。可是，很多老人的情况是，他们的诉说没有能够大白天下。

在面对这些老人的自杀尸体时，我十分理解老人的心情，他们与家人很少交谈，被冷淡疏远，可是却不批判，不做任何抗议，选择安静地死去。我暗下决心，等我退休离职之后，一定要为这些老人们代言。这些自杀的老人，留下了太多太多的语言都还没说完。我与这些死者们约好，一定要好好为他们代言。

我想，在做现役法医的时候，不能说太多，那么退休离职之后，一定要查明真相，诉诸世间。希望可以借此为我们的社会变得更舒适，家庭变得更温馨出一份绵薄之力。我按照约定，在我的著作中写了许多关于老人自杀的事实。许多老人现在既没有经济实力也没有体力了，但是，正是因为有他们拼命地工作，才有我们现在富裕的生活。

在我年幼的时候，听爷爷奶奶给我讲故事，是我最大的乐趣。那个时候还不像现在，没有电视机和书。可是，现在的人们宁可玩游戏，也不想听老人讲话。

永远不要忘记体恤老人、尊敬老人。我们要好好地理解本质，考虑什么才是真正的社会福利。因为我们自己马上也会变老的。

老人的遗书都写得很漂亮。从来没有人写过对亲人的牢骚和不满。遗书上一般都只写着一句话，“谢谢大家的照顾”。无论被家人如何无情地对待，也默默地忍耐着，沉默地迎接自己的临终。那一句遗言中，包含了老人的太多话语。

谢谢大家的照顾。

同居的干尸与白骨

从电视台打来了电话。

在一个基本呈密室状态的房子里，发现了五个人的尸体。但是，这些尸体很奇怪。五个人中间，两个人变成了白骨，而另外三个人则是干尸。

房间里面没有被乱翻过的迹象。但是在同一个房子里死去的话，怎么会呈现如此不同的状态呢？

电视台的人抑制不住兴奋地说：

“上野医生，现在当地为这件事都炸开锅了。”

据说已经请教了几位法医学的专家，但是专家只是简单地解释说白骨化是因为尸体腐烂引起的，干尸化则是尸体不腐烂干燥后形成的。而为何在同样的环境下，同一间房间里，尸体的状态如此不同这一最重要的问题上，专家们却含糊其词,说不明白,所以电视台的人来问我的意见。

到底为什么尸体会白骨化、干尸化呢?其实非常简单。

在日本有一年四季,炎热的夏天尸体的腐烂会非常快,软体组织(肌肉和内脏等)溶解后化成泥状,最后就会呈白骨化了。因此,在夏天如果发现晚了,白骨化的尸体会比较多。

而在寒冷的季节不易腐烂,天气干燥,尸体中的水分减少,从最干燥的部位开始干尸化,而没有完全干尸化的部分到了炎热的季节还是会腐烂的。因此,在日本也经常会发现一半干尸化,一半呈腐烂状态的尸体。

在这里,我再向大家介绍一下关于干尸化的事例。有一个男性,在东京都内跳入飞驰的电车轨道中自杀了。可是,验尸的时候,没有找到右脚。跳入轨道自杀的尸体大都会变得七零八落,某些部位缺失是很常见的。

几个月后,在电车的车体下方发现了一个呈干尸化的脚部。作为部分检案,我前往验尸。警察在考虑碎尸杀人的可能性。

是右脚。已经完全干尸化了。我调查了几个月前的跳入轨道自杀的检验记录,发现这个与我进行过验尸的跳入轨道自杀的男性是一致的。确认了右脚的身份，警察知道不是碎尸事件，也松了一口气。

在碾压的时候，右脚附着在了电车底下，并且一直连续几个月与电车一起疾驶，因此完全干燥变成了干尸。

在自然界全身干尸化是很少见的。在东京只出现过一件。工人们在对横跨隅田川的永代桥栏杆进行涂刷油漆工作时，发现在桥顶附近的铁架子缝隙中间，有一具全身完全干尸化的尸体。

后来得知，这个男性住在附近，有精神障碍，四十多岁。男性在十几年前的一个冬天，穿着睡衣离开了家，从此行踪不明。据说他很喜欢钻到狭窄的地方去。靠近海岸的大桥栏杆顶上通风很好，而且是冬天，天气非常干燥，因此全身都没有腐烂，完全干尸化了。

几年前开始，在新闻中经常会提到有一些子女，高龄的父母去世后也不向政府机关申报，为了领取父母的退休金，长期与干尸化的父母的遗体共同生活。真是让人悲叹，不忍听闻啊。

让我们再回到那通电话吧。确实，在同一个房间里发现了干尸化和白骨化的尸体，这种状况是非常不自然的。

我突然灵光一现，问道："那些人是不是加入了什么宗教团体?"记者大吃一惊："您是怎么知道的? 确实如您所说，他们是新兴宗教的信徒。"

于是，我开始进行我的推理。

干尸化的三个人应该是死于十一月左右的寒冷时期。但是，另外两个信徒大概是出于宗教的某种信仰，不认可他们的死亡。两人一直坚持保持尸体的洁净，供奉饭菜，照顾着这几具尸体。

之后的四个月左右一直天气寒冷，所以尸体持续干尸化。而另外二人在不久之后的炎热季节，也相继死亡了。因为天气炎热，迅速腐烂，因此白骨化了。

这样考虑的话，就能解释这种不可思议的现象了。这全是出于我自己的验尸经验得出的推断，本次应该没有案件性。

"原来如此。谢谢您简单易懂的说明。确实这样解释的话，大家都很好理解。"电话那头道谢后就挂断了。据说，后来警察经过搜查后，得出的结论与我的推论大致相同，没有案件性，结案了。

去世了还为了金钱将尸体伪装成继续活着，不认可死亡，继续无微不至地照料着尸体。死者虽然不会说话，但是会是怎样的心情呢？

碎尸杀人事件

十几年前，在崎玉县发生了一起因三角关系引起的碎尸杀人事件。

有两个女孩子是好朋友。两个人都是护士，在同一家医院工作，专业也一样，都是外科。

两个人关系非常要好。休息日经常一起去购物。这时，一个女孩子有了喜欢的人。应该怎么对待这份恋情呢，她找到了好友咨询。和男孩子约会也向好友报告，对男孩子表白后开始交往，也第一个通知了好友。好友也为她感到高兴。女孩子与男朋友的交往很顺利，甚至在考虑将来结婚的事，她非常幸福。

可是有一天，她知道了惊人的事实。

一直信赖的好友，与自己的男朋友竟然是恋人关系。男朋友脚踏两只船。

知道这个事实之后，她对好友产生了深深的恨意：“不能原谅她。亏我这么信任她，什么都跟她说。她还假装帮我出谋划策。假装鼓励我，给我鼓劲。全都是假的。这个女人太过分了。她背叛了我。”

她决定杀死好友。

她邀请好友来自己家，像平常一样，两个人吃了饭，喝了酒。她一边开心地聊天，报告最近发生的事情，一边等待时机杀害好友。

最后，她从背后用绳子勒住好友的脖子，杀害了她。

之后，她忽然感到了恐惧，把尸体留在自己的房间里，去了男朋友家。第二天，她像平常一样去医院上班。

她慢慢地恢复了冷静，用从医院拿回家的手术刀将尸体切碎了。如果是一般犯人的话，切碎尸体首先会使用菜刀。然而，菜刀切不动骨头，所以还得使用锯。但是，她是护士，精通医学，而且还在外科工作。所以她知道，用手术刀将没有骨头的关节切断，也可以将尸体切碎。

她就这样每天将切碎的尸体作为可燃垃圾扔出去。

几个月后，事情败露了。可是，尸体已经被切碎，全部作为垃圾丢弃，扔进垃圾焚烧炉烧掉了，所以杀人的尸体已经找不到了。但是，各种证据表明，确实是她杀害了好友，因此将她逮捕。

她知道好友与自己深爱的男朋友是恋人关系后，一气之下将好友杀死了。我觉得不可思议的是，明明是那个男人做出了脚踏两条船的事情，可是她恨的对象却不是那个男人而是她的好友。她没有杀死背叛自己的男朋友，而是杀害了自己的好友。

我对这种想法产生了疑问。我在东京都内的护士学校讲授解剖学的课程。那些学生都是将来要成为护士的年轻女孩子，我向她们讲解身体的结构。

我也很想知道最近的年轻女性是如何考虑的，因此就试着询问学生们。

我问她们：“前几天，发生了一起事件。护士杀死了夺取自己男朋友的好友。如果你们处在同样的情况下，会杀死好友吗？”

一百个人中，有五六个人回答说：“如果真的被好友背叛了，也许会想杀死她吧。”“我有可能也会那么做吧。”

班级里还有其他意见：“杀了人，自己的人生也毁了啊。”“错的是那个男朋友啊。”学生们各抒己见，热闹非凡。

最后我说：“这种男人，即使与他和好了，他还会对别的女人见异思迁的。因此，没必要把男朋友抢回来，或者为了他受伤难过。她应该豁达地对好友说‘把他让给你了，拿去吧。’杀人太不对了。好男人到处都是。”

不过，站在这个事件的犯人女孩子的立场上想想，她现在在监狱中，一定很后悔吧，自己做了些什么事啊，为了一时的感情，杀了人，毁掉了自己的人生。又或者，她还在以爱的名义美化着自己犯下的罪行吧。

那样一想，真的是百味杂陈。

扭曲的爱

各位应该都听说过一九八一年发生的震惊世界的“巴黎人肉事件”吧。虽然是距今三十多年前的事了，但是实在是太让人震惊了，所以很多人至今仍记忆犹新。

有一个三十多岁的日本学生在巴黎留学。他身高不到一米五，体重也只有四十公斤，身材瘦小。在以优秀的成绩博士毕业后，他在巴黎继续进行着研究工作。在外人看来，他是个非常优秀的研究者，可是，他其实内心对自己的长相和身高有着深深的自卑。

有一次，他邀请一个年纪比他小的荷兰留学生女性朋友来自己家，而后用步枪射死了她。在杀人之后，他与遗体性交，而后切碎尸体，生吃了其中的一部分。据说，还用锅烧熟后又吃了一部分。在他房间的冰箱里，仍旧放着切碎的遗体，打算留着以后吃。

在这个事件之前，他在日本也曾因为想要吃人而袭击住在附近的德国女性被逮捕过。

据他自己供述，他从小时候就有想要吃人的愿望，“想要试着吃一次人肉”。

我至今仍然记得，第一次听说这个事件后，那种不寒而栗的感觉。

在我做现职法医期间，也经历过类似的猎奇事件。妻子将丈夫的男性象征切掉了。妻子说：“因为太喜欢丈夫了，所以不想让其他女性触摸他的男性象征。”这样的女性心理让人难以理解。

以前，我曾经和文国镇先生进行过会谈，他是韩国法医学的权威。他对我讲述过那时在韩国发生的类似事件。

在韩国被称为“贞操带事件”，曾经引起激烈的讨论。

在韩国的酒吧，有一位非常漂亮的女性。有一位客人对这个女性一见钟情，频繁地去酒吧追求她。后来，两个人确立了恋人关系，也开始考虑结婚。

有一天，那个男人对女性提出请求：“我想要你永远属于我，作为爱的证据，我想在你的身上烙下我的符号。”女性对这个请求非常吃惊，一开始拒绝了。但是，没有抵挡住男人多次的请求，最后同意了。男人花了几个月时间，在女性的腹部，用烟头烙下了自己的名字。可是，不久之后，男人抛弃了那个女性。震怒的女性，起诉那个男人结婚欺诈。证据就是女性腹部的烫伤痕迹。可是，没有任何证据可以证明这个痕迹是那个男人留下的，所以委托文国镇先生来帮忙调查。据女性说，一开始被烟头烫的时候，非常疼痛很难受，但是渐渐地，疼痛变成了一种快感。

这个事件与上述的巴黎人肉事件一样，是我们普通人无法想象的，由疯狂的性引发的事件。

这些事件让我们感到了人性的异常扭曲与男女之间不可理解的爱。

名流妻子

二〇〇六年，在新宿歌舞伎町的路上，发现了一个装有一具只剩躯干的遗体，没有头部、手脚的塑料袋。一下子，引起了社会的骚乱，大家都纷纷议论是不是一起有组织的犯罪。

几天后，在其他地方的空地上，找到了手脚的切断遗体，在郊外，找到了头部。经 DNA 鉴定，这些与在歌舞伎町发现的遗体是同一个人的。后来得知，这个遗体是一个在外资公司工作的男性。

遗体发现一个月后，犯人被逮捕了。各位不要吃惊，犯人居然是遗体男性的妻子。

这对夫妇住在高级公寓里，被杀的丈夫也是高收入人群，因此媒体将这个案件称为“名流妻子碎尸杀人事件”，引发人们强烈的关注，连续几天在电视上大幅报道，很多人应该对此还有印象。

在发生这个事件后，电视节目邀请我做评论。

据说这对夫妇，从结婚一开始就感情不和睦，争吵不断，丈夫对妻子实施暴力，妻子还曾经有一段时间去保护设施避过难。妻子的杀人动机就是来自丈夫的暴力。

想离婚，可是离婚没那么简单，还要考虑到面子问题。丈夫的暴力伤害了自己的自尊，愤怒与懊悔转化成了对丈夫的杀意。

一天晚上，妻子在丈夫睡着后，用葡萄酒的瓶子使劲敲打丈夫的头部，将其杀死，然后在自己家将遗体碎尸。之后，妻子坐电车和出租车分别扔在了几个不同地点。

后来，妻子在自己家的高级公寓中，将房间的家具全部处理掉，装修了房间试图隐瞒罪行。

妻子还装出担心丈夫的样子，给朋友们打电话、发邮件，告诉大家“丈夫一直没回家”。

碎尸多发于女性。为什么呢？因为女性比男性的体力要弱小得多。

犯人要是男性的话，可以马上把尸体扛出去，装在车上拉到山上或者海边扔掉。可是,女性面对比自己还要重的遗体,应该如何隐藏,如何扔掉,实在是没有办法。因此为了更容易搬运和丢弃,只能将其切碎。

一听到新闻里报道发现了碎尸,很多人就不禁会想,“犯人太残忍了”。但是,将尸体切碎后,就不容易辨别性别和身份,自己也就能更安全,并且可以更容易搬运,更容易扔掉。一般犯人都是出于这种保护自己的心理,做出碎尸的行为,并不是出于残忍的性格和对死者的怨恨。

乱刀捅死事件也是如此。如果对方还活着,起身反击的话,自己就会有危险,因此才会不停地刺向对方。一般人们会认为乱刀捅死事件的犯人是残忍的,出于对死者的怨恨而为。其实不是这样的。这种情况下很多是身体处于弱势的人所为。

这个名流妻子也是一样的吧。她所做的一切都是出于想办法隐瞒自己的罪行,希望将尸体处理掉而不被人发现的自我保护的心理。

可是,如果承认自己的杀人罪行,自首的话,只需坐七八年牢就可以了。她却没有自首,还将尸体切碎后丢弃。

杀人罪,再加上遗弃尸体罪,罪就更重了。而且她还设法消灭证据。

伪装、隐瞒杀人事件，希望能做成完美犯罪，却只能令罪行越来越重。

不可能有什么完美犯罪。

如果这位妻子可以向谁坦白一切，因为忍受不了家庭暴力，所以杀死了丈夫，如果有人可以劝劝她，现在还来得及，去坦白自首吧，她就不会走到这一步了。她在实施罪行之前，一定也有许多激烈的思想斗争，许多的痛苦挣扎。

无论哪个受害人，都有死亡的理由。而无论哪个犯罪者，也都有走上犯罪道路的理由。我们要全面地看待这两方面，仔细思考，查明事件的真相。

也许有些女性读者朋友看到这个事件后，想到了自己。如果遇到困难的状况，请不要一个人烦恼，找一个能信赖的人或者亲人好好商量，也可以去政府机关的法律咨询处等好好咨询。

夫妻关系和家人关系的矛盾引起的杀意越来越多，让全社会都很有危机感。

给熟人验尸

人生，从心底感到大吃一惊的经历并不多。

我因为工作的关系，养成了一般不会吃惊的性格。可是，即使是这样，我也曾在做法医期间，遇到过惊讶得失声和内心无比动摇的事件。

去验尸的时候，发现死去的女性是我认识的人。

在一个安静的高级公寓的一个房间里，死者是在我读医科大学的时候，非常照顾我的阿姨。我当时是个清贫的学生，她经常给我做饭吃。对于远离故乡寂寞生活的学生来说，热乎乎的饭菜是最让人感动的了。她经常对我说："多吃点，学习要加油！"阿姨的话语一直是我的精神支持。她的家里平时也是人来人往，很热闹，我在那里就像在自己的家中一样轻松愉快。

阿姨经营着一家公司，在那个时代，女社长还是非常少见的。她丈夫不太爱说话，在她的公司帮她工作。她努力经营公司的身影让我印象深刻。

在做了法医之后，工作很忙，与阿姨没有再见过面了。但是我在看到尸体的一瞬间，马上就认出了阿姨。

阿姨在高级公寓的一个房间中，躺在被褥中死去了。穿着美丽的和服，漂亮地化着妆。认出是阿姨后，我一瞬间心脏跳动加快，内心无比动摇。我暗暗地深呼吸，稳定心情，没有告诉警察死者是我认识的人，努力保持冷静，进行了验尸。

验尸的结果证明，阿姨是服用安眠药自杀的。枕边整齐地摆放着一张穿和服男性的照片和一把扇子。男性四十多岁，很英俊，是阿姨学舞蹈的老师，他们两个人是老师和弟子的关系。

我以前经常去她们家玩的时候，阿姨四十五岁左右，现在死亡的时候，是六十五岁左右。阿姨比起以前要更为消瘦了，但是，那种豁达爽朗的感觉与以前一模一样。

后来从警察那里得知，她与小二十岁的舞蹈老师是情人关系。我大吃一惊。

阿姨癌症晚期，时日不多了。可是，她没有选择在自己家或者医院死去，而是选择在情人的老师家中自杀，而且穿着大概是自己最漂亮的和服，化着妆，以最美的形象走了。

将老师的照片和练习舞蹈时喜爱的扇子放在枕边，决意去死的时候，阿姨是怎样的心情呢？

我与阿姨没见面的几十年岁月里，不知道阿姨过着怎样的生活。但是一想到不是想着家人，而是想着情人的老师选择了死，就心生难过。

妻子之死

四十年形影不离的妻子，在九年前去世了。

在得知是胃癌晚期仅仅四十天后，妻子就逝世了。发现的起因是有一天妻子对我说，"买的东西太重了拿不动，能不能帮个忙"，让我将买的东西拿到了二楼上。以前从来没有发生过这种事情。妻子经常骑着自行车，到处奔忙。妻子说："最近好像不太舒服啊。"我就对她说："那就去看一下医生吧。"让她去附近的医院检查。可是，哪里都没有发现异常。于是两个人说："也许还是因为上了年纪的原因吧。"

可是，之后妻子还是经常说累，请我帮忙拿东西。于是我劝她，虽然是上了年纪，但还是再去大一点的医院检查一下吧。到了拿检查结果的日子，医生对妻子说，既然您丈夫也是医生，就请他一起来一下吧。我有些不安，和妻子一起去了医院。医生四十多岁，看起来很认真。他一边看 X 光片，一边对我和妻子说："我现在可以说结果吗？"我说："我也是医生，请您如实说吧。"医生说："您妻子是胃癌晚期状态。已经全身转移了。"

我怀疑自己的耳朵。什么话都说不出来。诊断室陷入了沉默。不知沉默了多久，妻子问道："医生，我还能活多长时间呢？"医生说："不太长。"我不敢相信医生的话。

虽然我也是医生，可是我不是很明白不太长到底意味着什么。我还在那里发呆，妻子又继续说："是吗。没有感到任何疼痛啊，真不可思议。"我看了一眼妻子。她正在注视着医生的脸，表情很淡然。我对妻子这样的态度感到吃惊。我心里想："这肯定是个庸医。"我自己所知道的癌症的经过与妻子的情况太不一样了。我所学的知识是，一开始感到哪里不舒服，然后没有食欲，最后消瘦，疼痛加剧，接着做手术或者放射性治疗，或者服用抗癌剂推迟进展，与治疗的副作用搏斗。可是，在我看来，妻子完全没有那样的情况，生活也与以前没有任何变化。

妻子马上住院了。我也请假陪伴妻子。在妻子的病床旁边安放了简易床，晚上睡在医院陪伴妻子。在妻子身边也会执笔写作，有时会从病房赶去讲演。

医院位于台场，从病房的窗户，可以看到大海，还可以看到摩天轮和远处的东京塔，在这个房间里心情非常舒畅。医生说因为是晚期状态，放射性治疗和抗癌剂都效果不大了，所以没有做任何治疗。可是，住院后，妻子不仅没有喊过疼痛或者难受，食欲也很好。我看到这个情形，甚至都认为妻子可以马上出院同我一起回家了。

在知道结果后正好一个月的一个晴朗的日子。

因为时间紧张，一直拼命在赶的稿子终于写完了。我在休息，看着窗外。躺在床上的妻子突然喊我，“孩子他爸”，我回头看去。妻子突然说：“我先走，不能再继续照顾你了，你怎么办呢。”现在回想起来，妻子大概是食欲减少，也开始出现疼痛和难受，所以自己感受到了临终将近吧。因为妻子从来没有说过这样的话，我很惊讶。我拉着妻子的手说：“你就别担心这些了。现在最重要的是你自己的身体。”

这个对话变成了我们最后的对话。在说完那句话后，妻子就像睡着了一样走了。几乎没有痛苦，安然地走了。

妻子小我六岁，在我三十一岁的时候我们相识，之后结婚。我当时还在研究室，妻子是高中的生物老师，向我请教检查血型的方法。这是我们的相识。我对妻子的第一印象是这个女孩子个头好高啊。在过去,女性的身材大都很矮小。而妻子身高和我差不多。我每天只是面对尸体,没有与年轻女性相识的机会,她在我眼中既新鲜又耀眼。在交往过程中,知道了她是一个聪明的、工作很能干的女孩子,一点点被她吸引了。与妻子相识不久,我就在想着,要是能与她结婚该多好啊。而妻子好像有几个备选人员,在犹豫。后来,妻子由于肺结核住院,我虽然忙,但是抽空闲忙就去看望她。这可能成为我被选中的理由吧,相识一年半后,我们可喜地结婚了。

虽然我在做法医的时候,妻子曾经半开玩笑地说过:“还不如自己开个诊所呢。”但是,当我每周只休息一天,每天与尸体相对,疲惫地回到家中后,妻子从来没有一句埋怨,也从来没有过问过我的工作。

我每天的工作中最苦恼的,是解剖后也无法查明死因的情况。警察中很多人认为只要解剖就全部能知道死因。有的时候,我被冷眼看待,被人责问怎么解剖了也不知道死因,因而自己有很大的精神压力。这种时候,我回到家也一直在思考,不怎么说话。可是,妻子对此什么都不说,给了我自由空间。妻子在生病之前一直担任区议会议员,一共做了十六年。不过,最初妻子跟我商量"我想做区议会议员"的时候,我说"让我考虑考虑",一直没有给妻子答复。

当时还是高中生和初中生的女儿和儿子,对母亲的愿望表示强烈反对。他们的意见是:"不要为了别人工作,希望能多照顾照顾自己。"我听到那话非常生气。"谁把你们生下来养到这么大的?你们现在已经不需要妈妈帮忙就能照顾好自己了,你们的任务是支持妈妈让她做她想做的事。"姐弟二人一开始有些怅然若失,但是后来好像是理解了我说的话,不再反对了。

我没有直接对妻子说过支持她的话,但是,她好像从哪里得知了我对孩子们说的话。大概是邻居的太太们互相传着传到了她的耳朵里吧。邻居太太对她说:"听说您丈夫说了这样的话呢。"妻子知道丈夫也支持自己,决意做了议员。

做了议员之后,妻子每天很忙,到处奔走。她本身的性格就是喜欢照顾别人,比起自己更关心别人,喜欢为别人工作。

也是从那个时候起,她开始认真地研究起了俳句这一兴趣爱好。

手捧咖啡
慢慢饮用
早春感冒

妻子的这一句俳句我最为喜欢。脑海中一下子就能浮现出妻子感冒了，穿着睡衣，在厨房一边喝咖啡一边稍微休息一下的身影。妻子经常说："孩子他爸，你也做俳句多好。"可是，我每次都会回答："那么短的词汇无法表达我的意思，我需要更长的词汇。"

妻子去世后，因为安排葬礼、与亲戚朋友打招呼，每天都很忙碌，因此没有时间悲伤妻子的死。大概过了一个礼拜，事情慢慢忙完了，我坐在沙发上，自己沏了一杯茶，打算休息一下时，一个人待在寂静的空荡荡的客厅里，突然涌上一股悲伤和孤独。一想到真的只剩下我一个人了，我的眼泪静静地流了下来。那是妻子死后我第一次哭。

在妻子住院期间，我经常后悔自己身为医生，为何没有能够早一点发现妻子的状态呢。可是，一想到如果在初期阶段发现癌症的话，要反复做手术，每天与疾病作斗争，也是非常痛苦的。像妻子这样，在去世之前自由地做自己想做的事，也许也不算是坏事。

此前，我从来没有提到过妻子的事。或者说，不敢提到妻子。

而现在，我终于能够坦然地谈论妻子的事了。

如今，我每天的工作之一就是面对佛龛合起手，向妻子报告一天中发生的事。

一想到真的只剩下我一个人了。

后　记

法医学的课程在大学里很受欢迎，有很多感兴趣的学生。我也在大学里授课，特别是如果在法医学的上课期间，给大家放验尸现场的幻灯片，或者讲一些事件的内幕，学生们都听得津津有味。大概大家都有像是在看报纸的社会新闻或者听推理小说的心情吧。

现实却是，这些学生在离开学校之后，不从事法医学，大家纷纷成为外科、内科等临床医生。如果当医生，还是想要诊断活着的人吧。

想当法医的人数比较少的理由，还有待遇低的问题。法医的收入不高。一般的印象都认为医生的收入很高，可是，东京都的法医因为是公务员，所以工资是按照公务员的体系的。因此我想我的收入，在医生中间大概是最低的。每次，医学部的同学聚会的时候，大家都半开玩笑地对我说，“你不用交会费了”，一般都是同学们请客埋单。虽然有点像个笑话，但是比起同班开诊所做医生的同学，我的收入确实很低。我对法医这项工作感到工作的价值和骄傲，从来没有对工资感到过不满，可是，在现在的法医人才缺乏的情况下，提高法医的收入和法医的社会地位，确实是非常重要的。

据说美国验尸官制度规定，必须要参加竞选，经选举后才能成为验尸官。因此，验尸官在美国的社会地位很高，因为是被选中的，所以非常自豪。

我也盼望着日本可以在全国普及法医制度，可以有更多的人骄傲地将成为一名法医作为目标。

文库版后记*

从昭和时代开始，我在东京做了三十年法医。

平成元年（一九八九年），我正好到了六十岁。我将迄今为止自己的工作内容总结写成了一本书《与死者的对话》，然后退休了。

这本书大概是内容比较罕见，引起了很大的反响。后来还被拍成了电视剧。在我做现役法医的时代，知道法医和法医学的人本身是非常少的。以前我经常会被人问到专业是什么，我说"是法医"，对方不理解。如果说"我研究法医学"的话，就会被问道："您是看方位的吗（日语中法医和方位发音类似——译者注）？"因此，通过我的著作，法医和法医学

---

* 本作品于二〇一〇年六月由 Popura 社出版。本次文库版发行，对一部分原稿进行了修改。

的词汇渗入到了平常百姓家，我感到非常高兴。

但是，我国的法医制度还是非常脆弱，至今仍没有变化。人手一直不足，待遇也没有得到充分改善。

现在，进入平成时代已经过去了二十七年。电视和新闻报道的事件情况，与我做现役法医的昭和时代相比，有了很大的不同。例如，二〇〇八年发生的秋叶原过路魔杀人事件就是一个典型事件，杀人对象无所谓是谁，只是想杀个人试试看，没有动机的杀人变得多起来了。

杀害人的生命，在他们看来就像是在玩游戏。

科学技术高度进步，按一下开关，就可以调节房间的温度、做饭、洗衣服、扫地。乍一看，生活好像变得富裕舒适了。可是，人们作为社会一员的基本素质——忍耐、努力、合作性等精神方面却变得缺乏了，所以遇事马上会感到不爽、生气。

文明的发展与人心没有同步，让人感到十分不安。

最近，认识的某个人老年痴呆了，某个人去世了，这样的消息多了起来。虽然会感到吃惊，但是，一想到自己已经活了八十六年了，也是理所当然的吧。让人感到一丝凄凉。

可是，我非常幸运，还经常有人来找我对案件进行鉴别，邀请我去讲演，我也在继续着写作的工作。真是非常感恩。

我现在一边感恩,一边精神百倍地度过每天的生活。

本次配合《法医的眼泪》文库版发行,我追加了一些内容。

祝愿各位读者身体健康!

二〇一五年七月

上野正彦

图书在版编目(CIP)数据

法医的眼泪/[日]上野正彦著;王丹译.—北京:
法律出版社,2016.5
ISBN 978-7-5118-8595-1
Ⅰ.①法… Ⅱ.①上…②王… Ⅲ.①法医学—通俗
读物 Ⅳ.①D919-49
中国版本图书馆CIP数据核字(2015)第255763号

法医的眼泪

上野正彦 著
王 丹 译

责任编辑 高 山 汤子君
特约编辑 衣韵潼
装帧设计 乔智炜
文内插画 萧 琴(alice)

开本 A5
版本 2016年5月第1版
出版 法律出版社
总发行 中国法律图书有限公司
印刷 固安华明印业有限公司
印张 6.125 字数 89千
印次 2016年5月第1次印刷
编辑统筹 学术·对外出版分社
经销 新华书店
责任印制 陶 松

法律出版社/北京市丰台区莲花池西里7号(100073)
电子邮件/info@lawpress.com.cn
网址/www.lawpress.com.cn
销售热线/010-63939792/9779
咨询电话/010-63939796

中国法律图书有限公司/北京市丰台区莲花池西里7号(100073)
全国各地中法图分、子公司电话:
第一法律书店/010-63939781/9782
重庆公司/023-65382816/2908
北京分公司/010-62534456
西安分公司/029-85388843
上海公司/021-62071010/1636
深圳公司/0755-83072995

书号:ISBN 978-7-5118-8595-1 定价:35.00元
(如有缺页或倒装,中国法律图书有限公司负责退换)